辽宁省文物考古研究所藏文物精华

辽宁省文物考古研究所 ●编著

科学出版社

图书在版编目（CIP）数据

辽宁省文物考古研究所藏文物精华／辽宁省文物考古研究所
编著：—北京：科学出版社，2011.12
ISBN 978-7-03-032946-2

Ⅰ．①辽… Ⅱ．①辽… Ⅲ．①文物－介绍－中国
Ⅳ．①K87
中国版本图书馆CIP 数据核字（2011）第250610号

责任编辑：宋小军 ／ 责任印制：赵德静
装帧设计：北京美光制版有限公司

科 学 出 版 社 出版

北京东黄城根北街16号
邮政编码：100717

http://www.sciencep.com

文物出版社印刷厂 印刷
科学出版社发行 各地新华书店经销

＊

2012年3月第 一 版 开本：889×1194 1/16
2012年3月第一次印刷 印张：15 1/2

字数：396 000

定价：248.00元

（如有印装质量问题，我社负责调换）

《辽宁省文物考古研究所藏文物精华》
编辑委员会

主　　编：李向东

副 主 编：吕学明

撰　　稿（按负责篇目的时代顺序）：

　　　　郭　明　朱　达　吕学明　万　欣

　　　　张桂霞　万雄飞　陆　博

摄　　影：穆启文

清物天地間
天听源冽长民

通乃清大涯流出新
藏至辛卯仲の月于
蓬莱省文福老夫研究之时
津水之滨十蕙樂

辽宁省文物考古研究所前身系1954年成立的东北地区文物工作队，由东北博物馆代管。1959年，东北博物馆改名为辽宁省博物馆，东北地区文物工作队遂改称为辽宁省文物工作队，隶属于辽宁省博物馆。1986年，辽宁省编委批准成立辽宁省文物考古研究所，1987年正式组建成立。职能是承担省内有关文物的调查、保护、发掘、研究和宣传工作，对各市、县的文物工作进行业务辅导。

辽宁的地理位置重要，是中原通往东北、东北亚地区的交通咽喉，是文化传播与交流的枢纽。辽宁自古以来就是一个文化交汇之地，多种古代文化在这里交汇融合，迸发出更新的活力，向东北亚腹地，向朝鲜半岛、日本列岛传播。辽宁省文物考古研究所的考古发掘、科学研究和文物保护工作取得了丰硕的成果，建立起了辽宁地区考古学文化谱系的基本框架。从20世纪80年代的金牛山、牛河梁、姜女石三大考古发现，到90年代以后的北票市喇嘛洞三燕墓地、绥中县姜女石秦始皇行宫遗址、北票市康家屯夏家店下层文化石城址、桓仁市五女山高句丽城址、凌源市牛河梁遗址第十六地点积石冢、朝阳市十六国时期龙城宫城南门遗址等6个考古发掘项目荣获"全国十大考古新发现"，均引起了国内外学术界的高度重视。

辽宁地区的新石器时代遗存主要分布在辽西、下辽河平原和辽东半岛地区。辽西地区新石器时代考古学文化编年完整，确立了查海文化、赵宝沟文化、红山文化、小河沿文化的发展序列。查海遗址中出土了年代最早的玉器，还有大量的生产生活用具，是八千年前的艺术珍品。牛河梁遗址出土的玉器是辽宁省文物考古研究所藏品的重要组成部分，这些玉器不仅展示了高超的工艺水平和艺术价值，作为一类礼器，说明了红山文化复杂、成熟的宗教观念。下辽河平原的新乐下层文化年代较早，出土了精美的煤精制品。辽东半岛地区的后洼下层文化展现出了明显的地域特征，利用滑石制作的各种小雕像是一个重要特点。

辽宁地区青铜时代的考古学文化具有多元性和复杂性，各地区发展不均衡。夏家店下层文化和高台山文化出土了北方地区最早的铜器，是北方系铜器的重要源头。商周之际是北方系铜器的成熟发展阶段，管銎斧、类型丰富的铜刀是最有代表性的器物。两周之际及其前后的辽宁式青铜短剑文化兴盛繁荣，分布范围广泛。建昌县东大杖子墓地出土的镶有金质剑格和柄首的曲刃青铜短剑尤为珍贵。

秦汉时期中央政府已经在东北地区设置郡县进行管辖，位于渤海之畔的姜女石秦汉建筑群址则是盛极一时的秦汉帝国的缩影，遗址中出土了巨型夔纹瓦当等大型建筑构件，可窥见当时的辉煌。魏晋时期北方的游牧民族较为活跃，其中的慕容鲜卑以龙城（今朝阳市）为都城，先后建立了前燕、后燕和北燕三个地方性政权，为后世留下了颇具特色的骑马民族的文化遗存。隋唐时期是中原文化向外传播并与地方文化融合的重要时期，在朝阳地区发现了大量的带有中原文化因素的唐墓及随葬品，黄河路唐墓出土的石雕人像则是这一区域内多民族聚居状况的真实写照。

契丹民族建立的辽朝在辽宁境内留下了城址、墓葬、寺院、佛塔等遗迹和数量可观的遗物，这些遗物以瓷器、金银器和佛教文物最具特色。辽代瓷器有鲜明的地方特色，如仿照骑马民族常用的皮囊壶制作的鸡冠壶，仿照唐三彩制作的辽三彩等。辽宁地区现存辽代佛塔多座，出土的佛教文物弥足珍贵。其中朝阳市新华路石宫出土的白瓷钵、白瓷净瓶以及盛放舍利的鎏金银棺都是难得一见的佛教文物精品。

《辽宁省文物考古研究所藏文物精华》收录了陶器、石器、玉器、骨器、青铜器、金银器、铁器、瓷器等多个种类的精美文物，总计400余件（套），按年代顺序分为新石器时代、青铜时代、秦汉至隋唐、辽金元四个时期。收录的各时期文物以考古发掘出土品为主，具有鲜明的时代特点、文化属性及区域特色。向我们展示了辽宁古代文化延绵发展的历史过程，及其丰富多彩的内容。通过本书的出版，可使读者对辽宁地区的古代文化有一个较为全面、直观的认识。对展示辽宁地区的考古发现，宣传和普及考古知识具有积极意义。对加强辽宁地区的考古研究，深化学术交流具有重要的促进作用。（李向东）

Preface to the Collection of the Cultural relics of the Institute of Archaeology of Liaoning Province

The Institute of Archaeology of Liaoning Province grew from an archaeological team of Northeast China founded in 1954. In those early days it was supervised by the Museum of Northeast China. In 1959, the Museum of Northeast China was renamed the Museum of Liaoning Province, hence the Archaeological Team of Northeast China was given the new name, the Archaeological Team of Liaoning Province, which was affiliated with the Museum of Liaoning Province. In 1987, the Institute of Archaeology of Liaoning Province was officially established under the approval of provincial authorities which was actually granted a year ago in 1986. Its duties include the investigation, protection, excavation, study and publicity of cultural relics as well as helping with the archaeological work of city and county levels within the province.

Liaoning Province is the gateway to northeast China and northeast Asia. It has long been a place of cultural exchange and communication, where different ancient cultures interact, rejuvenate and spread to the inland of northeast Asia, the Korean peninsula and the Japanese archipelago. The Institute of Archaeology of Liaoning Province has made remarkable achievements in archaeological excavations, scientific studies and the protection of cultural relics, and over time a framework of the archaeological culture of Liaoning Province has sprouted. There are quite a number of

archaeological discoveries that have created a focus in the academic world both home and abroad, such as the three great discovery of Jinniushan, Niuheliang, Jiangnushi in the 1980s, as well as the discoveries of the Three Yan Period tombs in the Lamadong in Beipiao City, the remains of the palace of the first Qin Emperor in Suizhong County, the remains of Lower Xiajiadian Culture in Kangjiatun in Beipiao city, the Gaogouli remains in Mount Five Women in Huanren City, the Stone Mound in No. 16 Locality in Niuheliang in Lingyuan City, the remains of the south gate of the Dragon Palace in the Period of the sixteen nations in Chaoyang City in the 1990s, the six of which were a national price winner for ranking the Top Ten China Archaeological discoveries.

The Neolithic relics in Liaoning Province are mainly found in the west, the lower reach plain of Liao River and the eastern Liaoning peninsula. The west of Liaoning boasts complete archaeological chronology and distinctive cultural sequences of Chahai Culture, Zhaobaogou Culture, Hongshan Culture and Xiaoheyan Culture. In the Chahai relics, jadeware, the earliest known to the present, was unearthed, together with a large number of productive tools and life utensils, all of which were considered art treasures of eight thousand years ago. The jadeware of Niuheliang constitutes a very important part of the artifacts of the Institute of Archaeology of Liaoning Province. All the jadeware is evidence to superb workmanship and substantial artistic value. As ritual object, it is a testimony to the complex culture and the mature religious concepts of Hongshan Culture. Some exquisite coal artifacts were discovered in the plain on the lower reach of the Liao River, which is home to early Lower Xinle Culture. The Lower Houwa Culture in the eastern Liaoning peninsula demonstrated clearly defined regional features, and one of them is the use of talc in various kinds of mini-sculptures.

The Bronze Period of the archaeological culture in Liaoning is characterized by its pluralism and complexity and the uneven development between regions. The earliest bronze objects, representative of the Northern Bronzeware, were unearthed in the Lower Xiajiadian Culture and Gaotaishan Culture. The development of the Northern Bronzeware reached its maturity in Shang Period and Zhou Period, and the most impressive artifacts are the axes and knives of different shapes. The culture of Liaoning bronze swords culminates in the two historical periods of Western Zhou and Eastern Zhou. The most precious sword was unveiled in the Dongdazhangzi tomb in Jianchang County. It has a curved blade, and it was decorated with gold on the body and the head.

The central governments of the Qin Dynasty and Han Dynasty already established counties and exercised jurisdiction over the northeast of China. The Jiangnushi architectural complex on the coast of the Bo Sea is a miniature of the Empire. The prime of its prosperity was manifested in the massive tiles with pictures of monsters which were found in the relics. In the Period of Wei and Jin, Murongxianbei, one of the nomad tribes in the north, chose the Dragon City(today's Chaoyang City) as their capital, and in turn founded the three regional governments of pre-Yan, post-Yan and North Yan, leaving the world a rich heritage of the nomadic culture. The Periods of Sui and Tang are an important stage of the spread of central culture as well as its combination with regional cultures. A large number of Tang tombs and funerary objects

with elements of central culture were discovered in Chaoyang City. Among them the stone statues unearthed in the Tang tomb of the Huanghe Road are telling a tale of how the ethnic groups in this area had lived together.

The Qidan Nationality established the Liao Dynasty and they left in the Liaoning Province a considerate number of ancient architecture, tombs, temples, Buddhist pagodas as well as other artifacts, such as ceramics, goldware and silverware and Buddhist relics, to name a few of the most well-known categories. The ceramics of the Liao Dynasty showed unique features of the regional culture. The most typical artifacts include the cockscomb kettle following the example of the leather kettle used by the ethic people on horseback and the tri-color glazed pottery of Liao Dynasty mirroring the same type in Tang Dynasty. Liaoning Province is home to many Buddhist pagodas and priceless Buddhist relics, among which the most precious are the white porcelain bowl, white porcelain vase and the gilt silver coffin for keeping the sarira excavated in Xinhua Road, Chaoyang City.

The Collection of the Cultural relics of the Institute of Archaeology of Liaoning Province selected more than 400 items of the ceramics, stone and jade artifacts, bone implements, bronzeware, goldware and silverware and porcelain relics, chronologized in four historical periods of the Neolithic Era, Bronze Age, Qin and Han Dynasties to Sui and Tang Dynasties and Liao, Jin and Yuan Dynasties. The majority of the items are the excavated relics, representative of different historical periods and regional cultures. The book unfolds a story of the development of a diverse culture in Liaoning Province. It leads the readers through a visual archaeological journey of the ancient civilization of the Liaoning Area and plays an important role in the dissemination and promotion of the Archaeological studies and academic exchanges.

　遼寧省文物考古研究所の前身は1954年に創立された東北地区文物工作隊で、東北博物館に管轄されていたのである。1959年、東北博物館は遼寧省博物館と改名した。それにつれて東北地区文物工作隊は遼寧省文物工作隊と改名し、遼寧省博物館に隷属していた。1986年遼寧省編委の同意を得て、1987年に遼寧省文物考古研究所が正式に成立した。その職能は省内の文物に関する調査・保護・発掘・研究・宣伝の仕事を担当することと、各市・県の文物仕事への業務指導を行うことである。

　遼寧は重要な地理位置を占め、中原から東北、東北アジア地域に通じる交通の喉頸にあり、文化伝播と交流の枢軸である。遼寧は昔から既に一つの文化の交わる場所となり、多種の古代文化がここで融合してさらに新たな活力を迸って発し、東北アジアの奥地と朝鮮半島、日本列島へ広まっていった。遼寧省文物考古研究所は発掘調査や科学研究、文物保護などの仕事において実り豊かな成果をあげ、遼寧地区の考古学文化の系譜の基本的な枠組みを築き上げた。20世紀80年代の金牛山、牛河梁、姜女石の三つの考古発現から、90年代以降の北票市喇嘛洞三燕墓地、綏中県姜女石秦始皇行宮遺跡、北票市康家屯夏家店下層文化石城跡、桓仁市五女山高句麗城跡、凌源市牛河梁遺跡第十六地点積石塚、朝陽市十六国時期龍城宮城南門遺跡などの六つの考古発掘プロジェクトが「全国十大考古新発現」を光栄にも獲得し、国内外の学術界に重大視された。

　遼寧地区の新石器時代の文化遺産はおも

に遼西と下遼河平原、遼東半島に分布している。遼西地区の新石器時代の考古学文化の編年が整えられ、査海文化から趙宝溝文化、紅山文化、小河沿文化への発展序列が確立されている。査海遺跡から出土した最も古い玉器や大量の生産・生活用具は、八千年前の貴重な芸術品である。牛河梁遺跡より出土した玉器は遼寧省文物考古研究所の所蔵品の中の重要な構成部分であり、これらの玉器はずば抜けた工芸水準と芸術価値のみを展示したのではなく、一種の祭礼に用いる道具として紅山文化の複雑かつ成熟した宗教観念をも物語っている。下遼河平原の新楽下層文化の年代はより古く、精巧で美しい黒玉の製品を出土した。遼東半島の後窪下層文化は明らかな地域的な特徴をあらわし、滑石を用いて各種の小さな彫像を製作することはその一つの重要な特徴である。

　遼寧地区の青銅時代の考古学文化は多元性と複雑性を備えており、各地区の発展の均衡がとれていなかった。夏家店下層文化と高台山文化より出土した北方地区の最も古い銅器は、北方系銅器の重要な源である。商周時代に際して、北方系銅器が成熟・発展する段階で、管銎斧と多くの類型をもつ銅刀は最も代表的な器物である。両周およびその前後の遼寧式青銅短剣文化が盛んになり、分布範囲が幅広い。建昌県東大杖子墓地より出土した鍔と柄に金張りのある曲刃青銅短剣はもっとも優れたものである。

　秦漢時期から中央政府はすでに東北地区で郡県を設置して管轄するようになり、渤海のほとりに位置する姜女石秦漢建築群跡は一時期盛んであった秦漢帝国の縮図で、遺跡より出土した大型夔紋軒先丸瓦などの大型建築部材から、当時の光り輝いたことが窺われる。魏晋時期に入ってから北方の遊牧民族がより活発になり、そのうち慕容鮮卑は龍城（現在の朝陽市）を都城として前後して前燕と後燕、北燕の三つの地方政権を打ち立て、騎馬民族の頗る特色をもつ文化遺産を後世に残されてきた。隋唐時期は中原文化が外部に向かって広がり地方文化と融合する重要な時期であり、朝陽地区において大量の中原文化の要素を帯びる唐墓と副葬品を見つけており、黄河路唐墓から出土した石彫りの人の像はこの地域にみられる多民族が集まり住んでいた状況を如実に反映している。

遼寧には今もなお契丹民族が建てた遼の城跡、墓葬、寺院、仏塔などの遺跡とかなりな数にのぼる遺物が残っている。遺物には陶磁器と金銀器、仏教文物は最も特色を備えている。遼代の陶磁器は地方の特色が鮮明で、騎馬民族がよく用いられる皮嚢壺を模造して製作した鶏冠壺、唐三彩を似せて作った遼三彩などがある。遼寧地区に遼代の仏塔が多く残

っており、検出された仏教文物はさらに貴重なものである。その中には朝陽市新華路石宮から出土した白瓷鉢や白瓷浄瓶、舎利を収納する鍍金の銀棺などはいずれもめったに見られない仏教文物の逸品である。

『遼寧省文物考古研究所蔵文物精華』は総計400余点（組）の陶器や石器、玉器、骨器、青銅器、金銀器、鉄器、瓷器など多種多様な精美な文物を集録して、年代の順によって新石器時代、青銅時代、秦漢〜隋唐、遼金元と四つの時期に分かれている。集録した各時期の文物は考古発掘出土品を主とし、鮮明な時代特徴と文化属性、区域特色を有する、遼寧古代文化の延々と続く発展してきた歴史過程およびその多彩な内容を明らかに示したものである。本書の出版を通じて、読者に遼寧地区の古代文化をより全面かつ直感的に認識させたい。これは、遼寧地区の考古発現の展示、考古知識の宣伝と普及することに積極的な意義をもたらす同時に、遼寧地区の考古学研究を強めて学術交流をなおいっそう深めていくことにも重要な促進効果があるはずであろう。

요녕성 문물고고연구소의 전신은 1954
년에 성립된 동북지역 문물공작대였고 동북
박물관에서 대리 관리하였습니다. 1959년에
동북박물관은 요녕성박물관으로 명칭을 바꾸
었고 동북지역 문물공작대도 요녕성 문물공
작대로 명칭을 바꾸었으며 요녕성박물관의
소속으로 되었습니다. 1986년에 요녕성 편
제위원회에서 요녕성 문물고고연구소의 성립
을 허락하였고 1987년에 요녕성 문물고고연
구소가 정식으로 건립되었습니다. 주요한 직
책으로는 요녕성내의 문물과 관련되는 조사,
보호, 발굴, 연구와 선전등 업무를 담당하고
각 시, 현의 문물관련 업무에 대하여 업무지
도를 진행하는 것입니다.

요녕의 지리적 위치는 매우 중요합니다.
중원지역에서 동북지역 그리고 동북아세아
지역으로 드나드는 교통의 요충지 뿐만 아니
라 문화의 전파와 교류의 중추지역입니다. 요
녕지역은 옛 날부터 여러 문화가 서로 만나는
지역으로 여러 고대 문화가 여기서 교차되고
융합되며 새로운 활력을 갖게 되면서 동북아
세아의 중심지역으로, 조선반도로, 일본열도
로 전파되었습니다. 요녕성 문물고고연구소
는 고고학적 발굴, 과학적 연구와 문물보호등
업무에서 매우 큰 성과를 거두었고 요녕지역
의 고고학 문화체계의 기본적인 틀을 구축하
였습니다. 20세기 80년대의 금우산(金牛
山), 우하량(牛河梁), 강녀석(姜女石) 등 3
대 고고발견으로부터 90년대 이후의 북표시
라마동 3연문화묘지(北票市喇嘛洞三燕文化
墓地), 수중현 강녀석 진시황행궁유적(綏中
縣姜女石秦始皇行宮遺址), 북표시 강가둔 하

가점하층문화 석성지(北票市康家屯夏家店
下層文化石城址), 환인현 오녀산 고구려성지
(桓仁縣五女山高句麗城址), 능원시 우하량
유적 제16호지점적석총(凌源市牛河梁遺址
第16號地點積石冢), 조양시 16국시기 용성
의 궁성남문유적(朝陽市16國時期龍城宮城
南門遺址) 등 6개 고고발굴항목은 < 전국 10
대고고새발견>에 선발되었고 국내외 학계에
서 고도의 주목을 받았습니다.

요녕지역의 신석기시대유존은 주로 요서,
하요하평원과 요동반도지역에 분포되었습니
다. 요서지역의 신석기시대 고고학적 문화의
편년은 완비화되어 사해문화(查海文化), 조
보구문화(趙寶溝文化), 홍산문화(紅山文化),
소하연문화(小河沿文化)의 발전서열이 확
립되었습니다. 사해유적중에서 시대가 가장
이른 옥기가 출토되었고 대량의 생산, 생활용
구도 출토되었는데 8천년전의 예술의 진품이
라고 할수 있습니다. 우하량유적에서 출토한
옥기는 요녕성 문물고고연구소 소장품의 중
요한 구성부분으로 이러한 옥기는 뛰어난 공
예수준과 예술적 가치를 과시하였을 뿐만 아
니라 일종의 예기로서 홍산문화의 복잡하고
성숙적인 종교이념을 설명하고 있습니다. 하
요하평원의 신락하층(新樂下層)문화는 시
대가 비교적 이르고 흑옥(煤精)으로 제조한
제품이 출토되었습니다. 요동반도지역의 후
와하층(後洼下層)문화는 선명한 지역적인
특성을 갖고 있는데 활석을 이용하여 만든 각
종 작은 조각상은 그의 중요한 특징중의 하나
입니다.

요녕지역 청동시대의 고고학문화는 다원

성과 복잡성을 가지고 있습니다. 각 지역은 균형적으로 발전되지 못 하였습니다. 하가점 하층문화와 고대산 (高台山) 문화에서 북방지역에서 가장 이른 청동기가 출토되었고 북방계 청동기의 중요한 기원입니다. 상과 주의 교체기는 북방계 청동기의 성숙 발전단계인데 원형 공부가 있는 청동부 (管銎斧), 유형이 풍부한 청동도 (靑銅刀) 등은 가장 대표적인 기물이라고 할수 있습니다. 서주와 동주 교체기 그리고 그 전후시기는 요녕식 청동단검문화가 번성하였고 광범위하게 분포되었으며 특히 건창현 동대장자묘지 (建昌縣東大杖子墓地) 에서 출토한 금으로 만든 검격과 손잡이가 구비된 비파형 청동단검은 매우 귀중한 유물입니다.

진한시기 중앙정부는 이미 동북지역에 군현을 설치하여 관리를 진행하였습니다. 발해연안에 위치하고 있는 강녀석 진한 건축군지 (姜女石秦漢建築群址) 가 바로 한때 극도록 강성하였던 진한제국을 반영하는 축소판이라고 할수 있습니다. 유적에서 출토한 거대한 기문와당 (夔紋瓦當) 등 대형 건축부재로부터 당시의 휘황찬란함을 엿볼수 있습니다. 위진시기에는 북방의 유목민족이 비교적 활약적하는 시대인데 그 중 모용선비는 용성 (지금의 조양시) 을 도성으로 하고 선후로 전연, 후연, 북연등 3 개 지방성 정권을 세우고 후세를 위해 매우 특색적인 기마민족의 문화유존을 남겨 주었습니다. 수당시기는 중원문화가 외부로 전파하고 지방문화와 서로 융합되는 중요한 시기로서 조양지역에서 대량의 중원문화요소를 가지고 있는 당묘 그리고 부장품들을 발견하였습니다. 황하로 당묘 (黃河路唐墓) 에서 출토한 석조인상 (石雕人像) 이 바로 이 지역내 다 민족이 집거하는 상황을 진실하게 반영하는 실물이라고 할수 있습니다.

거란민족이 건립한 요나라는 요녕경내에서 수 많은 성지, 무덤, 사찰, 불탑등 유적과 유물을 남겨 놓았는데 이런 유물중에서 가장 특색적인 것은 자기, 금은기와 불교유물등이 있습니다. 요대의 자기는 선명한 지방특색이 있는데 예를 들면 기마민족이 흔히 사용하는 피혁으로 만든 주머니호를 모방하여 제조한 계관호 (雞冠壺), 당삼채를 모방하여 제조한 요삼채 (遼三彩) 등이 있습니다. 요녕지역에는 지금 많은 요대 불탑이 남아 있는데 출토된 불교유물은 매우 귀중한 자료입니다. 그 중 조양시 신화로 석궁 (朝陽市新華路石宮) 에서 출토한 백자발 (白瓷鉢), 백자정병 (白瓷淨甁), 사리를 담는 류금은관 (鎏金銀棺) 등은 모두 보기 드문 불교유물의 정품입니다.

< 요녕성문물고고연구소장문물정화 > 에서는 토기, 석기, 옥기, 골각기, 청동기, 철기, 자기등 여러 종류의 아름다운 유물을 수록하였는데 모두 400 여점 (세트) 에 달합니다. 각각 시대의 순서에 따라 신석기시대, 청동시대, 진한 - 수당시대, 요금원시대등 4 개 시대로 나누었으며 수록된 각 시대의 유물들은 고고학적 발굴에서 출토한 유물을 위주로 하여 선명한 시대적 특징, 문화적인 속성, 지역적인 특색을 가지고 있었어 요녕의 고대 문화가 지속적으로 발전되는 역사과정과 다채롭고 풍부한 내용을 보여 주고 있습니다. 이 책의 출판은 독자로 하여금 요녕지역의 고대 문화에 대하여 비교적 전면적이고 직관적인 인식을 가지게 되고 요녕지역의 고고발견을 전시하고 고고학적 지식을 선전하고 보급하는데 있어서 매우 적극적인 의의를 가지고 있습니다. 또한 요녕지역의 고고학 연구를 강화하고 학술적 교류를 더욱 심화시키는데 있어서도 매우 중요한 촉진적인 역할을 할수 있을 것 입니다.

序

新石器时代

目录

目 录

后记

新石器时代

辽宁地区的新石器时代是一个多种考古学文化异彩纷呈的时代。从目前发现年代最早的查海—兴隆洼文化到年代最晚的小河沿文化，跨越了从距今8000年到距今4000年大致4000年的时间。地理环境的差异及人群的相对集中分布，形成了不同区域各具特色的考古学文化。虽然都是以筒形罐为常见的生活用器，但不同的考古学文化在筒形罐的造型及纹饰方面存在着明显的差异。

辽西地区、下辽河平原、辽东半岛和黄海沿岸是新石器时代遗存分布较为集中的区域。下辽河平原区的新乐下层文化和辽东半岛南端的小珠山下、中层文化，黄海沿岸的后洼下层文化，虽都以压印之字纹筒形罐为主要特征，但各具特色，由于考古发现的局限，目前尚未形成较为明晰的文化序列。

辽西地区则是辽宁境内新石器时代遗存最为丰富的地区，也是考古学文化编年相对完整的地区，基本上确立了查海—兴隆洼文化、赵宝沟文化、红山文化和小河沿文化这一考古学文化序列。

查海—兴隆洼文化是目前辽宁已知最早的新石器时代文化，年代可以追溯到距今8000年左右。在其典型遗址查海遗址中发现了规模相对较大的环壕聚落，发掘房址50余座，房址内出土了大量的筒形罐以及石磨盘、磨棒等可能与食物加工有关的生活用具，这些实物资料的发现为探讨新石器时代较早时期人们的生活和取食方式提供了线索。在遗址区内的墓葬中还发现了中国最早的真玉。

红山文化遗存主要分布在老哈河中、上游至大凌河中上游之间，目前发现的红山文化遗存多为墓葬，居址较少。喀左东山嘴红山文化遗址，是一处与原始宗教祭祀有关的建筑群址，与该群址相距不远者，还有位于凌源市和建平县交界处的牛河梁红山文化女神庙、积石冢和祭坛大型祭祀遗址群，积石冢内出土大量做工精致、造型新颖别致的玉器，这些玉器和大型的积石冢群为探讨中国文明起源提供了宝贵的资料。

在辽宁省文物考古研究所收藏的新石器时代遗物中，多见有北方特色的压制细石器。筒形罐是东北地区新石器时代文化中最为多见的遗物，不同时期不同考古学文化的筒形罐在造型和纹饰构成方面的差异反映出在相近历史地理条件下小区域文化的自我形成和发展的特点。

牛河梁遗址出土的红山文化玉器最为珍贵，数量也相对较多。这批玉器造型多样，玉质、颜色也存在差别，精美的制作工艺及独特的设计展现出红山文化时期高超的制玉水平。同时造型相似的玉器在其分布区域外的发现，也为探讨红山文化玉器的源流及发展演变提供了线索。

后洼遗址出土的各类陶制和滑石制的小型雕塑也别具一格，不见于同时代的其他考古学文化中，是后洼下层文化颇具特色的遗物。（郭明、朱达）

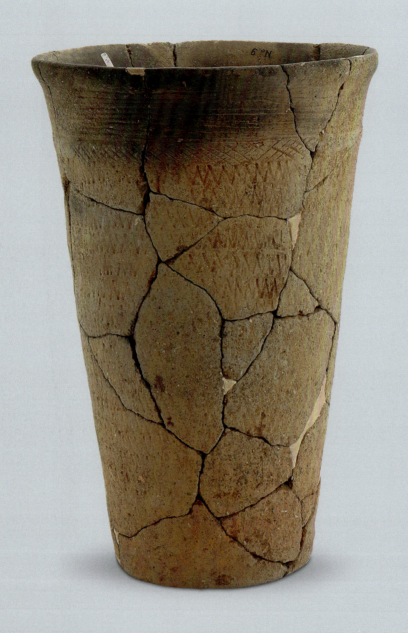

名称	时代	尺寸	出土地点
陶筒形罐	查海文化	口径 31.5、底径 18、高 46.3 厘米	阜新县查海遗址

名称	时代	尺寸		出土地点
陶筒形罐	查海文化	口径 33.6、底径 15.4、高 39.9 厘米		阜新县查海遗址

	名称	时代	尺寸	出土地点
1	**陶筒形罐**	查海文化	口径 15.6、腹径 16、底径 11、高 22.6 厘米	阜新县查海遗址
2	**陶筒形罐**	查海文化	口径 33、底径 17.7、高 47.4 厘米	阜新县查海遗址

	名称	时代	尺寸	出土地点
1	陶筒形罐	红山文化	口径 32.8、底径 12.2、高 33.6 厘米	牛河梁遗址第五地点 14 号灰坑
2	陶筒形罐	红山文化	口径 32.4、底径 11.9、高 28.9 厘米	牛河梁遗址第五地点

$$\frac{1}{2 \mid 3}$$

	名称	时代	尺寸	出土地点
1	红陶盆	红山文化	口径 56.5、底径 15.8、高 44.5 厘米	牛河梁遗址第一地点祭祀坑
2	彩陶筒形器	红山文化	口径 32、腹径 36.5、 圈底径 34.2、高 59.7 厘米	牛河梁遗址第二地点四号冢
3	彩陶筒形器	红山文化	口径 21.4、最大腹径 27.2、 底径 25.5、高 43.2 厘米	牛河梁遗址第二地点四号冢 4 号墓

	名称	时代	尺寸	出土地点
1	**彩陶筒形器**	红山文化	口径 26、腹径 31、 高 47、圈底径 24 厘米	牛河梁遗址第二地点四号冢
2	**彩陶筒形器**	红山文化	口径 23、高 21.5 厘米	牛河梁遗址第二地点四号冢
3	**彩陶筒形器**	红山文化	口径 22、高 26 厘米	牛河梁遗址第二地点四号冢

<table>
1 | 2
  | 3
</table>

名称	时代	尺寸	出土地点
陶筒形器	红山文化	口径 22～23.5、高 42～63.5 厘米	牛河梁遗址第一地点 "陶片窝"

	名称	时代	尺寸	出土地点
1	**彩陶盖罍**	红山文化	口径 13.2、腹径 42.4、底径 12、高 49.2 厘米	牛河梁遗址第二地点四号冢6 号墓
2	**彩陶盖罍**	红山文化	口径 9.4、腹径 35.2、底径 11.6、高 40.4 厘米	牛河梁遗址第二地点四号冢5 号墓

	名称	时代	尺寸	出土地点
1	**彩陶壶**	小河沿文化	口径 5.9、腹径 13.1、底径 6.2、高 13.2 厘米	内蒙古翁牛特旗大南沟遗址
2	**彩陶钵**	小河沿文化	口径 14.8、底径 7.5、高 9 厘米	内蒙古翁牛特旗大南沟遗址

	名称	时代	尺寸	出土地点
1	**陶尊**	小河沿文化	口径 18.7、底径 8.8、高 12.9 厘米	内蒙古翁牛特旗大南沟遗址
2	**陶豆**	小河沿文化	口径 18.4、底径 8.1、高 10.1 厘米	内蒙古翁牛特旗大南沟遗址

名称	时代	尺寸	出土地点
女神头像	红山文化	残高 24、残宽 23.5 厘米	牛河梁遗址第一地点"女神庙"

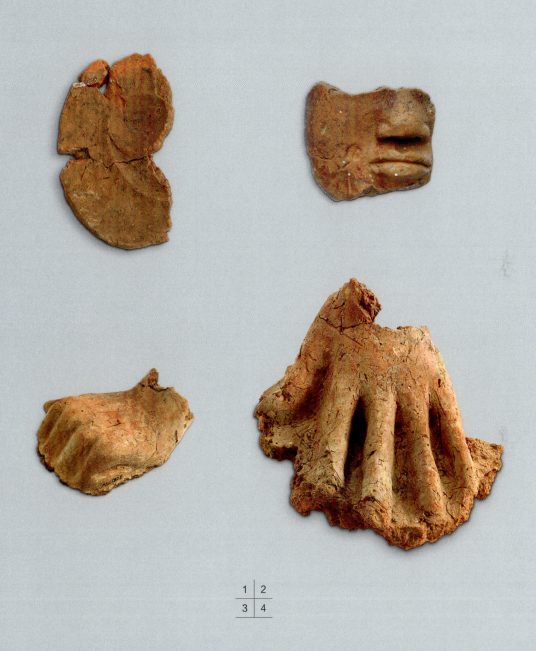

	名称	时代	尺寸	出土地点
1	**泥塑人耳残件**	红山文化	残长 16.4、残宽 9.7 厘米	牛河梁遗址第一地点"女神庙"
2	**陶塑人面残件**	红山文化	残宽 8.8、高 8、最厚 2.4 厘米	牛河梁遗址第三地点
3	**泥塑手部残件（小手）**	红山文化	残长 12.3、残宽 9.8 厘米	牛河梁遗址第一地点"女神庙"
4	**泥塑手部残件（大手）**	红山文化	残长 23、残宽 19.5 厘米	牛河梁遗址第一地点"女神庙"

	名称	时代	尺寸	出土地点
1	**泥塑禽爪残件**	红山文化	残长 14.5 厘米	牛河梁遗址第一地点"女神庙"
2	**泥塑兽爪残件**	红山文化	残长 14.5 厘米	牛河梁遗址第一地点"女神庙"
3	**泥塑翼状残件**	红山文化	残长 45.5、残宽 33.2 厘米	牛河梁遗址第一地点"女神庙"

名称	时代	尺寸	出土地点
陶塑女孕像残件	红山文化	残高 5.1、残宽 3.3 厘米	喀左县东山嘴遗址

名称	时代	尺寸	出土地点
陶人像残件	红山文化	残高 9.6 厘米	牛河梁遗址第五地点

（正面）

（背面）

（正面）

（侧面）

	名称	时代	尺寸	出土地点
1	陶塑猴首像	后洼下层文化	面宽 3.55、厚 3.1、高 4.45 厘米	东港市后洼遗址
2	陶塑猴像	后洼下层文化	宽 2.7、厚 2.3、高 3.9 厘米	东港市后洼遗址

$\dfrac{1}{2}$

	名称	时代	尺寸	出土地点
1	**陶塑猪首像**	后洼下层文化	长 4.6、宽 6.1、厚 3.3 厘米	东港市后洼遗址
2	**陶塑人首像**	后洼下层文化	宽 3.6、高 5.9 厘米	东港市后洼遗址

1	2
3	4

	名称	时代	尺寸	出土地点
1	**石铲**	查海文化	长 15、刃宽 19.2、厚 2.3 厘米	阜新县查海遗址
2	**石铲**	查海文化	长 19.6、顶宽 13.2、刃宽 20、厚 1.6 厘米	阜新县查海遗址
3	**石铲**	查海文化	长 13.5、刃宽 21、厚 1.9 厘米	阜新县查海遗址
4	**石铲状器**	查海文化	长 20.14、宽 13.6、厚 2.1 厘米	阜新县查海遗址

名称	时代	尺寸	出土地点
石磨盘、磨棒	查海文化	磨盘长 51.4、宽 26、厚 2.7～6.3 厘米；磨棒长 29.8、宽 3.8、厚 3.5 厘米	阜新县查海遗址

		名称	时代	尺寸	出土地点
1	1	**石斧**	查海文化	长 10.2、刃宽 5.5、厚 2.7 厘米	阜新县查海遗址
2	2	**石斧**	红山文化	长 15.2、刃宽 7.6、厚 2.5 厘米	牛河梁遗址老爷庙下河套

	名称	时代	尺寸	出土地点
1	**石凿**	后洼下层文化	长 5.57、宽 1.48、厚 0.8 厘米	东港市后洼遗址
2	**石凿**	后洼下层文化	长 6.73、刃宽 3.28、厚 0.93 厘米	东港市后洼遗址
3	**石凿**	小河沿文化	长 13.4、宽 10.3、厚 2.6 厘米	翁牛特旗大南沟遗址

	名称	时代	尺寸	出土地点
1	**沟槽石器**	查海文化	长 8.5、宽 4.9、厚 2.5 厘米	阜新县查海遗址
2	**沟槽石器**	查海文化	长 7.6、宽 4.5、厚 2.5 厘米	阜新县查海遗址

1 | 2

	名称	时代	尺寸	出土地点
1	**石核**	红山文化	台面长 1.7～2.5、高 2.4～6 厘米	牛河梁遗址第五地点
2	**石叶**	红山文化	长 2.6～5.1、宽 0.3～0.7、厚 0.1～0.3 厘米	牛河梁遗址第五地点

$\dfrac{1}{2}$

	名称	时代	尺寸	出土地点
1	**石环**	后洼下层文化	最大径 4.2、孔径 1.8 厘米	东港市后洼遗址
2	**石环**	小河沿文化	直径 12、肉宽 2.8、肉厚 0.4、孔径 6.7 厘米	翁牛特旗大南沟遗址

（正面）　　　　　　　　　　（侧面）

<table>
<tr><td>1</td><td>2</td></tr>
<tr><td colspan="2">3</td></tr>
</table>

	名称	时代	尺寸	出土地点
1	滑石人半身像	后洼下层文化	长 4.6、宽 1.85、厚 1.6 厘米	东港市后洼遗址
2	滑石坠饰	后洼下层文化	长 2.2、直径 1.5 厘米	东港市后洼遗址
3	滑石人头像	后洼下层文化	长 4.35、宽 3.3、厚 2 厘米	东港市后洼遗址

	名称	时代	尺寸	出土地点
1	玉匕形器	查海文化	长 10、宽 1.38～1.64、厚 0.45 厘米	阜新县查海遗址
2	玉匕形器	查海文化	长 9.59、宽 1.68～1.93、厚 0.58 厘米	阜新县查海遗址

	名称	时代	尺寸	出土地点
1	玉匕形器	查海文化	长 3.79、宽 1.02 ~ 1.25、厚 0.43 厘米	阜新县查海遗址
2	玉匕形器	查海文化	长 3.35、宽 1.02、厚 0.4 厘米	阜新县查海遗址

1 | 2

		名称	时代	尺寸	出土地点
1	2	1	玉管	查海文化	长 3.13、直径 1、孔径 0.65 厘米	阜新县查海遗址
3	4	2	玉管玉	查海文化	长 2.2、直径 1.1 厘米	阜新县查 海遗址
		3	管	查海文化	长 1.81、直径 1.52、孔径 0.71 厘米	阜新县查海遗址
		4	玉珠	查海文化	直径 1.27、孔径 0.57、厚 0.64 厘米	阜新县查海遗址

1	2	3
4	5	

	名称	时代	尺寸	出土地点
1	玉玦	查海文化	外径 3.96、内径 1.8、厚 1.22 厘米	阜新县查海遗址
2	玉玦玉	查海文化	直径 2.08～2.28、孔径 0.61、高 1.95 厘米	阜新县查海遗址
3	玦	查海文化	直径 1.87、孔径 0.58、厚 0.58 厘米	阜新县查海遗址
4	玉玦	查海文化	直径 3、孔径 1.78、厚 0.61 厘米	阜新县查海遗址
5	玉玦	红山文化	直径 7.19、孔径 3.63～3.8、厚 0.28 厘米	牛河梁遗址第十六地点 15 号墓

名称	时代	尺寸	出土地点
玉钺	红山文化	长 12.4、宽 10.5、厚 0.6、孔径 1.73 厘米	牛河梁遗址第二地点一号冢 23 号墓

	名称	时代	尺寸	出土地点
1	玉璧	红山文化	长 13.4、宽 12.1、孔径 3.4、厚 0.8 厘米	牛河梁遗址第二地点一号冢 11 号墓
2	玉璧	红山文化	直径 12.9～12.5、孔径 4.6 厘米	牛河梁遗址第二地点一号冢 15 号墓

	名称	时代	尺寸	出土地点
1	玉璧	红山文化	长 12.9、宽 10.7、孔径 3.3、厚 0.7 厘米	牛河梁遗址第五地点一号冢 1 号墓
2	玉璧	红山文化	长 12、宽 10.9、孔径 3.9、厚 0.6 厘米	牛河梁遗址第五地点一号冢 1 号墓

		名称	时代	尺寸	出土地点
1	2	1	玉双联璧	红山文化	长 5.5、宽 4.7、厚 0.3 厘米	牛河梁遗址第二地点一号冢 21 号墓

	名称	时代	尺寸	出土地点
1	玉双联璧	红山文化	长 9.1、宽 5.62、厚 0.4 厘米	牛河梁遗址第十六地点 1 号墓
2	玉三联璧	红山文化	长 9.44、宽 4.81、厚 0.55 厘米	牛河梁遗址第十六地点 1 号墓

（正面）

（背面）

名称	时代	尺寸	出土地点
勾云形玉佩	红山文化	长 20.9、宽 12.4、厚 0.9 厘米	牛河梁遗址第五地点一号冢 1 号墓

	名称	时代	尺寸	出土地点
1	勾云形玉佩	红山文化	长 15.8、宽 6.9、厚 0.6 厘米	牛河梁遗址第二地点一号冢 14 号墓
2	勾云形玉佩	红山文化	长 17.9、宽 10.8、厚 0.8 厘米	牛河梁遗址第二地点一号冢 24 号墓

		名称	时代	尺寸	出土地点
1	1	兽面玉饰	红山文化	长 28.6、宽 9.4、厚 0.5 厘米	牛河梁遗址第二地点一号冢 27 号墓
2	2	兽面玉饰	红山文化	长 14.2、宽 4.6、厚 0.45 厘米	牛河梁遗址第二地点一号冢 22 号墓
3	3	兽面玉饰	红山文化	长 10、宽 4.28、厚 0.45 厘米	牛河梁遗址第二地点一号冢

（正面）

（背面）

名称	时代	尺寸	出土地点
双鹗玉佩	红山文化	长 12.9、宽 9.5、厚 0.6 厘米	牛河梁遗址第二地点一号冢 26 号墓

（正面）

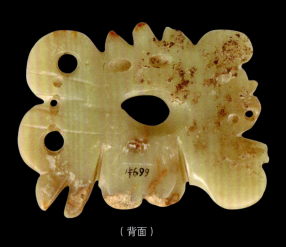

（背面）

名称	时代	尺寸	出土地点
龙凤玉佩	红山文化	长 10.3、宽 7.8、厚 0.9 厘米	牛河梁遗址第二地点一号冢 23 号墓

（正面）

（背面）

名称	时代	尺寸	出土地点
玉凤（鹘）	红山文化	长 20.43、宽 12.71、厚 1.24 厘米	牛河梁遗址第十六地点 4 号墓

（正面）　　　　　　　　　　　　（背面）

名称	时代	尺寸	出土地点
玉人	红山文化	身宽 4.4、厚 2.34、高 18.5 厘米	牛河梁遗址第十六地点 4 号墓

	名称	时代	尺寸	出土地点
1	鸮（凤）首玉饰	红山文化	长 3.1、厚 0.7 厘米	牛河梁遗址第二地点一号冢
2	绿松石鸮	红山文化	宽 2.8、高 2.5、厚 0.4 厘米	喀左县东山嘴遗址

	名称	时代	尺寸	出土地点
1	丫形兽面玉饰	红山文化	宽 14.7、厚 0.4、高 10.2 厘米	牛河梁遗址第二地点一号冢 21 号墓
2	双入首三孔玉饰	红山文化	长 6.8、宽 3.1、厚 0.6 厘米	牛河梁遗址第二地点一号冢 17 号墓

	名称	时代	尺寸	出土地点
1	玉板	红山文化	长 9.4、宽 1.9～2.5、厚 0.6 厘米	牛河梁遗址第五地点一号冢
2	玉蚕形器	红山文化	长 12.7、最大直径 1.9 厘米	牛河梁遗址第二地点一号冢 11 号墓

1 | 2

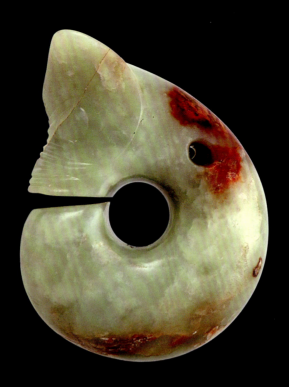

名称	时代	尺寸	出土地点
玉猪龙	红山文化	宽 7.8、厚 3.3、高 10.3 厘米	牛河梁遗址第二地点一号冢 4 号墓

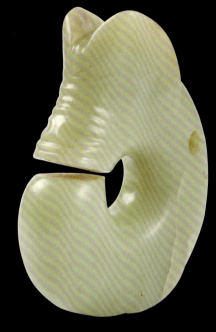

（侧面）

（正面）

	名称	时代	尺寸	出土地点
1	玉猪龙	红山文化	宽 7.62、厚 2.61、高 9.69 厘米	牛河梁遗址第十六地点 14 号墓
2	玉猪龙	红山文化	宽 10.2、厚 3.8、高 15 厘米	建平县富山镇征集

	名称	时代	尺寸	出土地点
1	1	玉鳖	红山文化	长 9、宽 7.7、厚 1.9 厘米	牛河梁遗址第五地点一号冢 1 号墓
2	2	玉鳖	红山文化	长 9.4、宽 8.5、厚 2 厘米	牛河梁遗址第五地点一号冢 1 号墓

	名称	时代	尺寸	出土地点
1	玉鳖	红山文化	长 3.9、宽 3.6、厚 0.6 厘米	阜新县胡头沟墓地 1 号墓
2	玉鳖	红山文化	长 6.2、宽 4.4、厚 0.9 厘米	牛河梁遗址第十六地点

	名称	时代	尺寸	出土地点
1	玉蝗	红山文化	长 5.4、宽 1.4、高 2.35 厘米	牛河梁遗址第十六地点
2	龟形玉饰	红山文化	长 5.3、宽 4.1、高 2.7 厘米	牛河梁遗址第二地点一号冢 21 号墓
3	玉蚕	红山文化	长 6.1 厘米	牛河梁遗址第五地点一号冢

	名称	时代	尺寸	出土地点
1	玉镯	红山文化	直径 8.5、孔径 6.5、厚 1.1 厘米	牛河梁遗址第五地点一号冢 1 号墓
2	玉镯	红山文化	直径 7.8、孔径 6.2、厚 0.7 厘米	牛河梁遗址第二地点一号冢 21 号墓

	名称	时代	尺寸	出土地点
1	1 玉斜口箍形器	红山文化	斜口长径 11、底径 8.1、高 18.6 厘米	牛河梁遗址第二地点一号冢 4 号墓
2	2 玉斜口箍形器	红山文化	斜口长径 8.35、底径 6.87、高 13.6 厘米	牛河梁遗址第十六地点 4 号墓

	名称	时代	尺寸	出土地点
1	石碑状饰	红山文化	宽 1.15、厚 0.7、高 3.4 厘米	牛河梁遗址第二地点四号冢 1 号灰坑
2	绿松石饰	红山文化	底边长分别为 1.9、1.8 厘米	牛河梁遗址第十六地点 4 号墓
3	玉贝饰	红山文化	长 2～2.3、宽 1.4～1.75 厘米	牛河梁遗址第二地点一号冢

青铜时代

辽宁的青铜时代大约开始于公元前21世纪，随着燕文化的到来及秦汉势力的扩展而结束。由于文化传统及地理环境的差异，导致各地区逐渐形成特征鲜明、自成序列的青铜文化。据此，可将辽宁的青铜时代文化划分成辽西、辽中、辽东和辽南四个区。各区青铜文化发生的时间有先有后，延续的年代有长有短，表现出发展的不均衡性，其中辽西地区始终处于领先和突出的地位。各区、各青铜文化之间相互影响、融合，其发展是一个动态的过程，具有多元性和复杂性。我们对辽宁青铜文化的认识也是不均衡的，在辽西区发现的遗址多，研究的比较深入，建立了完整的文化谱系。辽中、辽东和辽南区发现的遗址少，还没有建立起被广泛认可的文化谱系。

新中国成立初期的五六十年代，是辽宁青铜时代考古工作的起步阶段，在这方面做了较多工作，重要的有：喀左马厂沟西周早期青铜器窖藏的发掘，锦西寺儿堡、乌金塘、朝阳十二台营子、大连后牧城驿、岗上、楼上、沈阳郑家洼子等青铜短剑墓地的发掘。

20世纪七八十年代，是辽宁的考古工作发展较快的时期，青铜时代考古有许多发现，重要的有：北票丰下遗址、朝阳魏营子遗址及西周早期墓地、朝阳袁台子墓群、建平水泉遗址、喀左和尚沟墓地、喀左南洞沟青铜短剑墓地、凌源五道河子青铜短剑墓地、锦县水手营子墓葬、沈阳新乐遗址、新民高台山遗址和墓地、康平顺山屯遗址、法库湾柳街遗址、彰武平安堡遗址和墓地、阜新平顶山石城址、大连大嘴子遗址、旅顺于家砣头积石墓地、新金双房石盖墓群、凤城石盖墓群、本溪马城子洞穴墓葬等。此外，在喀左北洞村、山湾子、小波汰沟、义县花儿楼、兴城杨河、绥中冯家等地还发现了商周时期的青铜器窖藏。

20世纪九十年代至现在，在基本建设考古和抢救性考古工作中，青铜时代考古工作有很多收获，主要有：阜新勿欢池墓地、北票康家屯城址、建昌东大杖子战国墓地、兴城马圈子遗址、朝阳罗锅地遗址、朝阳上河首遗址、阜新西灰同城址、本溪南芬西山石棺墓、本溪新城子墓地、丹东山西头遗址、庄河平顶山遗址、阜新代海墓地、西丰县东沟墓地等。

本书收录的青铜时代文物包括了辽宁各地区青铜文化的代表性器物，多数为考古发掘出土品，少数为采集和征集品。属于夏家店下层文化和高台山文化的文物最多，表明了这两支考古学文化的发达与繁荣。这两支文化中出现了喇叭形铜耳饰、环首铜刀、铜锥和石范，是北方系青铜器的典型器物。商周时期是北方系青铜器的成熟和繁荣发展阶段，本书收录了一些代表性器物，如管銎斧、铃首刀、蕈首刀、齿柄舌刀和銎柄剑等。两周之际及其前后的辽宁式曲刃青铜短剑文化发达，分布范围广泛，本书收录了较多曲刃短剑。尤其建昌县东大杖子墓地出土的带有金质剑格和柄首的曲刃短剑，是罕见的稀世珍品。（吕学明）

名称	时代	尺寸	出土地点
铜壶	战国	口径 11.9、底径 16.2、高 44.4 厘米	建昌县东大杖子墓地

名称	时代	尺寸	出土地点
铜壶	战国	口径 9.5、底径 12.2、高 26 厘米	建昌县东大杖子墓地

	名称	时代	尺寸	出土地点
1	**铜戈**	战国	长 27.8 厘米	建昌县东大杖子墓地
2	**曲胡铜戈**	战国	长 27.8 厘米	建昌县东大杖子墓地

	名称	时代	尺寸	出土地点
1	**四穿铜戈**	战国	长 19 厘米	建昌县东大杖子墓地
2	**双胡铜戈**	战国	长 17、宽 16.5 厘米	建昌县东大杖子墓地

名称	时代	尺寸	出土地点
镶金曲刃铜剑	战国	剑身长 32 厘米	建昌县东大杖子墓地

	名称	时代	尺寸	出土地点
1	**曲刃铜剑**	战国	剑身长 37.4、剑柄长 14.5 厘米	建昌县东大杖子墓地
2	**曲刃铜剑**	战国	长 36.4 厘米	建昌县东大杖子墓地

1 | 2

	名称	时代	尺寸	出土地点
1	曲刃铜剑	春秋	长 28.8 厘米	北票市丰下遗址
2	曲刃铜剑	春秋	长 32.8 厘米	阜新县胡头沟五号墓
3	曲刃铜剑	春秋	长 34.5 厘米	北票市采集

| 1 | 2 | 3 |

	名称	时代	尺寸	出土地点
1	**曲刃铜剑**	春秋	长 26.9 厘米	喀左县采集
2	**曲刃铜剑**	春秋	长 28.1 厘米	北票市喇嘛洞墓地
3	**曲刃铜剑**	春秋	长 32.1 厘米	北票市丰下遗址

	名称	时代	尺寸	出土地点
1	**直刃铜剑**	战国	长 36.8 厘米	凤城市陈家村征集
2	**曲刃铜剑**	战国	长 31.3 厘米	凌源市拣选

	名称	时代	尺寸	出土地点
1	**环首铜剑**	夏家店上层文化	长 22.2 厘米	内蒙古赤峰市拣选
2	**銎柄铜剑**	夏家店上层文化	长 38 厘米	建平县水泉遗址

	名称	时代	尺寸	出土地点
1	**管銎铜斧**	商末周初	长 19.6、刃宽 4.2 厘米	内蒙古赤峰市拣选
2	**管銎铜斧**	商末周初	长 14.4、刃宽 2.4 厘米	新民县大红旗乡采集

	名称	时代	尺寸	出土地点
1	**管銎铜斧**	商末周初	长 13.9、刃宽 4.5 厘米	新民县大红旗乡采集
2	**管銎铜斧**	商末周初	长 15.8、刃宽 2.8 厘米	新民县大红旗乡采集

	名称	时代	尺寸	出土地点
1	三翼铜镞	战国	长 3.7 厘米	内蒙古赤峰市拣选
2	铁铤石镞	战国	长 4.9 厘米	内蒙古赤峰市拣选
3	四棱铜镞	魏营子文化	长 5 厘米	朝阳县魏营子遗址
4	三棱铜矛	战国	长 22.5 厘米	建昌县东大杖子墓地

1 | 2 | 3 | 4

	名称	时代	尺寸	出土地点
1	**铜马衔**	战国	长 23.5 厘米	建昌县东大杖子墓地
2	**铜马镳**	战国	长 19.5 厘米	建昌县东大杖子墓地

名称	时代	尺寸	出土地点
鳐鱼形铜当卢	春秋	长 15.5、宽 13 厘米	喀左县南洞沟石棺墓

	名称	时代	尺寸	出土地点
1	**铜斧**	春秋	长 6.3、刃宽 3.8 厘米	北票市喇嘛洞墓地
2	**铜斧**	战国	长 11.2、刃宽 3.8 厘米	建昌县东大杖子墓地

1 | 2

	名称	时代	尺寸	出土地点
1	**齿柄舌铜刀**	十二台营子文化	长 11.9 厘米	喀左县和尚沟墓地
2	**齿柄舌铜刀**	十二台营子文化	长 14.2 厘米	喀左县和尚沟墓地
3	**齿柄舌铜刀**	夏家店上层文化	长 18.4 厘米	建平县水泉遗址

	名称	时代	尺寸	出土地点
1	铃首铜刀	商代晚期	残长 12 厘米	内蒙古赤峰市拣选
2	双环首铜刀	夏家店上层文化	残长 20.5 厘米	内蒙古赤峰市拣选
3	蕈首铜刀	商代晚期	长 22.9 厘米	内蒙古赤峰市拣选

	名称	时代	尺寸	出土地点
1	**环首铜刀**	夏家店上层文化	长 23.5 厘米	内蒙古赤峰市拣选
2	**环首铜刀**	商代晚期	残长 19.6 厘米	内蒙古赤峰市拣选
3	**环首铜刀**	夏家店下层文化	长 16.1 厘米	阜新市西灰同遗址

	名称	时代	尺寸	出土地点
1	**喇叭形铜耳饰**	高台山文化	长 3.8 厘米	彰武县平安堡遗址
2	**铜锥**	魏营子文化	长 10.4 厘米	朝阳县魏营子遗址
3	**铜锥**	夏家店上层文化	长 12.5 厘米	内蒙古赤峰市拣选

1 | 2 | 3

	名称	时代	尺寸	出土地点
1	**单孔石刀**	夏家店下层文化	长 11.3 厘米	北票市康家屯城址
2	**双孔石刀**	青铜时代	长 15.1 厘米	桓仁县牛鼻子遗址
3	**双孔石刀**	青铜时代	长 17.5 厘米	大连市大嘴子遗址

	名称	时代	尺寸	出土地点
1	**石镰**	魏营子文化	长 14.1 厘米	阜新县平顶山遗址
2	**石斧**	夏家店上层文化	长 8.2、刃宽 3.7 厘米	建平县水泉遗址
3	**石斧**	十二台营子文化	长 8.9、刃宽 4.2 厘米	喀左县和尚沟墓地

	名称	时代	尺寸	出土地点
1	**石钺石**	青铜时代	长 9.8、宽 8.8 厘米	大连市大嘴子遗址
2	**戈**	青铜时代	长 20.8 厘米	大连市大嘴子遗址

	名称	时代	尺寸	出土地点
1	**石锛**	青铜时代	长 12.8 厘米	大连市大嘴子遗址
2	**石斧**	马城子文化	长 15.8、刃宽 9 厘米	本溪县张家堡 A 洞

	名称	时代	尺寸	出土地点
1	**骨刀**	夏家店下层文化	长 15.6 厘米	北票市康家屯城址
2	**骨鱼钩**	夏家店下层文化	长 2.8 厘米	北票市康家屯城址
3	**骨镞**	夏家店下层文化	长 9.4 厘米	北票市康家屯城址

	名称	时代	尺寸	出土地点
1	**陶壶**	高台山文化	口径 3.8、底径 5.1、高 10.9 厘米	彰武县平安堡遗址
2	**陶碗**	高台山文化	口径 21.5、底径 7.5、高 8.5 厘米	彰武县平安堡遗址

	名称	时代	尺寸	出土地点
1	**陶罐**	高台山文化	口径 12.7、底径 6.1、高 10.1 厘米	彰武县平安堡遗址
2	**陶钵**	高台山文化	口径 20.6、底径 6.2、高 7.5 厘米	彰武县平安堡遗址

	名称	时代	尺寸	出土地点
1	镂孔圈足陶钵	高台山文化	口径 9.9、底径 7.8、高 13.4 厘米	阜新县平顶山遗址
2	圈足陶钵	高台山文化	口径 8.3、底径 6.3、高 10.1 厘米	阜新县勿欢池遗址

	名称	时代	尺寸	出土地点
1	**陶杯**	高台山文化	口径 7.2、底径 4.5、高 7 厘米	阜新县平顶山遗址
2	**陶壶**	高台山文化	口径 6.4、底径 6、高 12.9 厘米	阜新县勿欢池遗址

	名称	时代	尺寸	出土地点
1	圈足陶壶	高台山文化	口径 5.8、底径 7.2、高 18.7 厘米	阜新县勿欢池遗址
2	陶壶	高台山文化	口径 7.1、底径 8.1、高 29.5 厘米	阜新县勿欢池遗址

		名称	时代	尺寸	出土地点
1	1	**四系陶壶**	高台山文化	口径 9.3、底径 8.6、高 31 厘米	阜新县勿欢池遗址
2	2	**四系陶壶**	高台山文化	口径 6.7、底径 7.5、高 25.5 厘米	阜新县平顶山遗址

	名称	时代	尺寸	出土地点
1	**圈足双系陶罐**	夏家店下层文化	口径 10、底径 10.8、高 27.4 厘米	北票市康家屯城址
2	**三系扁陶壶**	高台山文化	口径 5.4、底长 12、底宽 9、高 25 厘米	彰武县平安堡遗址

名称	时代	尺寸	出土地点
陶甗	夏家店下层文化	口径 33、高 50 厘米	北票市康家屯城址

	名称	时代	尺寸	出土地点
1	**陶罐**	夏家店下层文化	口径 10.6、底径 8.4、高 14.7 厘米	北票市康家屯城址
2	**袋足陶鬲**	夏家店下层文化	口径 25.7、高 30.1 厘米	北票市康家屯城址

	名称	时代	尺寸	出土地点
1	**袋足陶鬲**	夏家店下层文化	口径 16.4、高 28.6 厘米	北票市康家屯城址
2	**乳足陶鬲**	夏家店下层文化	口径 10.1、高 12.2 厘米	北票市康家屯城址

名称	时代	尺寸	出土地点
陶豆	夏家店下层文化	口径 20、底径 14.5、高 20.5 厘米	北票市康家屯城址

	名称	时代	尺寸	出土地点
1	**彩绘陶罐**	夏家店下层文化	口径 8.2、底径 6.4、高 12.4 厘米	北票市康家屯城址
2	**陶罐**	夏家店下层文化	口径 13、底径 6.6、高 15.2 厘米	北票市康家屯城址
3	**陶罐**	夏家店下层文化	口径 17.8、底径 9、高 27.2 厘米	北票市康家屯城址

	名称	时代	尺寸	出土地点
1	**乳足陶鬲**	魏营子文化	口径 8.1、高 10.3 厘米	喀左县后坟村
2	**单把陶杯**	战国	口径 8.5、底径 5.8、高 10.8 厘米	朝阳县十二台战国墓
3	**陶罐**	魏营子文化	口径 12.6、底径 7.4、高 13.6 厘米	喀左县和尚沟墓地

	名称	时代	尺寸	出土地点
1	陶碗	十二台营子文化	口径 10.5、底径 7、高 8 厘米	喀左县和尚沟墓地
2	陶碗	十二台营子文化	口径 10.7、底径 6.8、高 7.5 厘米	喀左县和尚沟墓地
3	陶碗	十二台营子文化	口径 12、底径 7.8、高 8 厘米	喀左县和尚沟墓地
4	陶碗	十二台营子文化	口径 10.8、底径 6.2、高 8.5 厘米	喀左县和尚沟墓地

1 | 2
3 | 4

	名称	时代	尺寸	出土地点
1	**陶壶**	马城子文化	口径 7、底径 6、高 13.4 厘米	本溪县张家堡 A 洞
2	**陶壶**	新城子文化	口径 7.8、底径 5.2、高 15.6 厘米	本溪县新城子墓地

秦汉至隋唐时期

秦汉时期，是我国历史上统一的多民族封建国家形成的重要时期。随着中央政府对东北地区的不断开发，在辽宁境内留下了大量文化史迹。其中最重要者是位于辽西海滨的绥中县姜女石秦汉建筑群址。自20世纪80年代初发现以来，经过连续10多年的勘探和发掘，在石碑地、止锚湾、黑山头等处揭露出规模宏大、结构复杂的宫殿建筑遗迹，出土了诸如"千秋万岁"瓦当、夔纹大瓦当、空心踏步和井圈等具有皇家离宫别馆御用性质的大型建筑构件。此外，从辽西地区的朝阳袁台子柳城遗址，到辽东地区的盖州九垄地墓葬等，均有大量汉代遗物发现。尤其是2010年发掘的普兰店姜屯汉墓群，计有墓葬200多座，出土各类陶、铜器等数千件，是近年辽东地区汉代考古中较为重要的一次发现。

辽西的三燕考古和辽东的高句丽考古是辽宁省魏晋南北朝时期考古的两大课题。其中的"三燕"，即指公元4—5世纪，由活动于辽西大凌河流域的鲜卑族和鲜卑化的汉人以龙城（今朝阳市）为都城建立的前燕、后燕和北燕三个地方割据政权。有关鲜卑遗存和三燕史迹的发现较多，其中重要者则以北票喇嘛洞墓地的发现为最。自1993年以来，经过历年发掘，特别是1998年的大规模发掘，共清理三燕文化墓葬420座，出土壶、罐、奁等陶器、铧、锸、镰、环首刀，长剑、矛等铁工具和兵器、兜鍪、鞍桥包片等铜铁马具及耳坠、发簪等金银器计5000多件，对十六国时期北方地区骑马民族考古文化的研究具有十分重要的意义。

辽东地区的高句丽考古则以桓仁县境内的五女山城和米仓沟将军墓的发现和发掘最具代表性。高句丽是世居辽东浑江和鸭绿江中下游一带的另一支少数民族，公元前37年建国，五女山城即为高句丽第一代王朱蒙建都的纥升骨城，是一处与高句丽早中期活动有关的重要城址。现存的石筑城墙南北最长2000米，东西宽近800米。经过1996年以来的系统发掘，发现了兵营、哨所和居住址等诸多重要遗迹和铁工具、兵器、马具等大量遗物。1991年在米仓沟发掘的将军墓则是一座属于高句丽时期的罕见大型封土石室墓，外表呈覆斗状，高6米，周长150米。该墓虽于清咸丰年间被盗，但壁画保存基本完好，并遗有大型黄釉陶灶和四耳陶壶等重要文物。

位于辽西境内的朝阳市区及市郊一带是东北地区唯一发现有大批隋唐墓葬的地点。朝阳在隋唐时期属营州，是当时东北边陲的重镇。自20世纪50年代以来，已陆续发现隋唐墓葬近200座，其中以20世纪90年代集中发现于朝阳柴油机厂和工程机械厂厂区内的唐墓群最具代表性。这些墓葬出土的大量武士、文吏、牛、马、驼和镇墓兽等彩绘陶俑、釉陶俑和瓷俑与中原地区发现的各类唐俑风格完全一致，是研究东北地区隋唐考古文化的重要标本。

在辽宁省文物考古研究所收藏的秦汉至隋唐时期的出土文物中，以三燕金器和铜铁马具以及唐代的陶瓷俑类最具特色，为东北地区诸多考古发现中所仅见。特别是三燕时期的铜铁马具，在整个中国北方地区乃至东北亚地区的考古文化中占有十分重要的地位。（万欣、张桂霞）

	名称	时代	尺寸	出土地点
1	陶"千秋万岁"瓦当	秦汉	长56、瓦当直径19.4厘米	绥中县姜女石遗址
2	陶圆瓦当	秦汉	长52、当面直径17.2厘米	绥中县姜女石遗址
3	陶筒瓦	秦汉	长71.8、宽22厘米	绥中县姜女石遗址

名称	时代	尺寸	出土地点
陶夔纹大瓦当	秦汉	长 68、当面直径 52、高 37 厘米	绥中县姜女石遗址

名称	时代	尺寸	出土地点
1 陶空心砖踏步	秦	长 155、宽 33、厚 17.5 厘米	绥中县姜女石遗址
2 陶排水管	秦	长 64.4、直径 20.3～26.5 厘米	绥中县姜女石遗址

1
―
2

	名称	时代	尺寸	出土地点
1	陶豆	汉	高 13.7、口径 13.8、底径 10.2 厘米	朝阳县袁台子遗址
2	陶罐	汉	高 20.6、口径 14.5、腹径 20.6 厘米	朝阳县袁台子遗址
3	陶长颈瓶	汉	高 21.9、口径 4.8、腹径 13.1、底径 7.6 厘米	辽阳市热电厂汉墓

	名称	时代	尺寸	出土地点
1	陶井	东汉	直径 11.2、高 22 厘米	盖州市九垄地汉墓
2	陶灶	东汉	通长 24.3、宽 19.8、通高 12.8 厘米	盖州市九垄地汉墓

		名称	时代	尺寸	出土地点
1	2	1 陶水波纹砖	东汉	长 35.2、宽 19、厚 11.2 厘米	盖州市九垄地汉墓
3	4	2 陶方格纹铺地砖	汉	长 32.5、宽 26.6、厚 3.4 厘米	盖州市九垄地汉墓
		3 陶文字砖	东汉	长 36、宽 32.6、厚 8.4 厘米	盖州市九垄地汉墓
		4 陶几何纹砖	东汉	长 33、宽 28.8、厚 9 厘米	盖州市九垄地汉墓

	名称	时代	尺寸	出土地点
1	陶单面花纹砖	汉	长 35.6～38、宽 16.2～17.8、厚 5～7 厘米	普兰店市姜屯汉墓
2	陶双面花纹砖	汉	长 36.8～39.7、宽 17～18、厚 6～6.8 厘米	普兰店市姜屯汉墓

	名称	时代	尺寸	出土地点
1	陶子·母口砖	汉	长 35～38.2、宽 16.4～17.5、厚 5.3～6.8 厘米	普兰店市姜屯汉墓
2	陶子·母口砖	汉	长 35.3～40、宽 16.6～18.2、厚 6.2～7 厘米	普兰店市姜屯汉墓

	名称	时代	尺寸	出土地点
1	四乳蟠螭纹铜镜	汉	直径 9.8、缘厚 0.2 厘米	朝阳县袁台子遗址
2	四乳连弧纹铜镜	汉	直径 16、缘厚 0.4 厘米	普兰店市姜屯汉墓

	名称	时代	尺寸	出土地点
1	错银铜带钩	汉	长 12.2、截径 0.7～0.9、钮径 1.9 厘米	普兰店市姜屯汉墓
2	"张马童"铜印	汉	长和宽均为 1.6、厚 0.7 厘米	普兰店市姜屯汉墓

名称	时代	尺寸	出土地点
铜铃	汉	高7.4～13、宽4～6.9厘米	普兰店市姜屯汉墓

名称	时代	尺寸	出土地点
铜饰件	汉	铺首宽 4、环径 3.1、高 5.5 厘米；兽足宽 2.7、高 4.4 厘米	普兰店市姜屯汉墓

名称	时代	尺寸	出土地点
铜当卢	汉	长 14.2、宽 4.1 厘米	普兰店市姜屯汉墓

名称	时代	尺寸	出土地点
鎏金铜贝鹿镇	汉	长 10.6、宽 5.7、高 4.3 厘米	普兰店市姜屯汉墓

名称	时代	尺寸	出土地点
玉覆面	汉	其中玉璧直径 9.6、孔径 3.5、厚 0.6 厘米；圭形玉长 5.6～8.4、宽 1.5～2.7、厚 0.3～0.7 厘米	普兰店市姜屯汉墓

名称	时代	尺寸		出土地点
骨陆博棋子	汉	正方体边长 2.7～2.9 厘米；长方体长 3.2、宽 2、高 1.8 厘米		普兰店市姜屯汉墓

	名称	时代	尺寸	出土地点
1	陶大口罐	三燕	口径 12、腹径 12.4、高 15 厘米	北票市喇嘛洞墓地
2	陶罐	三燕	口径 13.7、腹径 19.7、高 16.8 厘米	北票市喇嘛洞墓地
3	陶罐	后燕	口径 8.9、腹径 18.9、底径 12.2、高 16 厘米	朝阳县姚金沟崔遹墓

```
 1
---  2
 3
```

	名称	时代	尺寸	出土地点
1	陶壶	三燕	口径 11.6、腹径 18、高 22.7 厘米	北票市喇嘛洞墓地
2	陶壶	三燕	口径 14.2、腹径 20.3、高 34.4 厘米	北票市喇嘛洞墓地
3	陶夋	三燕	口径 19、底径 12、高 16 厘米	北票市喇嘛洞墓地

	名称	时代	尺寸	出土地点
1	四系釉陶壶	三燕	口径 4.3、腹径 11.8、高 9.4 厘米	北票市喇嘛洞墓地
2	釉陶小罐	三燕	口径 5.1、腹径 9.5、底径 6.1、高 5.7 厘米	北票市喇嘛洞墓地

名称	时代	尺寸	出土地点
釉陶羊尊	三燕	长 27.5、宽 14.8、高 26.2 厘米	北票市喇嘛洞墓地

	名称	时代	尺寸	出土地点
1	**金牌饰**	三燕	长 12.7、宽 1.3～2.6 厘米	北票市喇嘛洞墓地
2	**鸾鸟金钗**	三燕	长 10、宽 2.6 厘米	北票市喇嘛洞墓地

	名称	时代	尺寸	出土地点
1	金钗	三燕	长8、宽3.3厘米	北票市喇嘛洞墓地
2	金耳坠	三燕	垂长9.4、叶长3.2、宽1.6厘米	北票市喇嘛洞墓地

	名称	时代	尺寸	出土地点
1	**包金耳坠**	三燕	垂长 4.4、环径 1.6 厘米	北票市喇嘛洞墓地
2	**金耳坠**	三燕	垂长 8、环径 2.5 厘米	北票市喇嘛洞墓地
3	**包金耳坠（1 副）**	三燕	垂长 5.4、环径 2.2～2.5 厘米	北票市喇嘛洞墓地

名称	时代	尺寸	出土地点
金步摇饰（1套2件）	三燕	大者高 14.3、展宽约 13 厘米；小者高 9.7、展宽约 9.8 厘米	北票市喇嘛洞墓地

	名称	时代	尺寸	出土地点
1	1 金步摇饰	晋	展宽 23.7、高 27 厘米；牌座宽 4.9、高 5.3 厘米	朝阳县甜草沟晋墓
2	2 金步摇饰	晋	展宽 17.6、高 17.7 厘米；牌座宽 4.85、高 5 厘米	朝阳县甜草沟晋墓

（正面）

（背面）

	名称	时代	尺寸	出土地点
1	1 金牌饰	三燕	长 8.9、宽 7.2 厘米	北票市喇嘛洞墓地
2	2 镂空缀叶金饰	三燕	长 2.7、宽 2.6 厘米	北票市喇嘛洞墓地

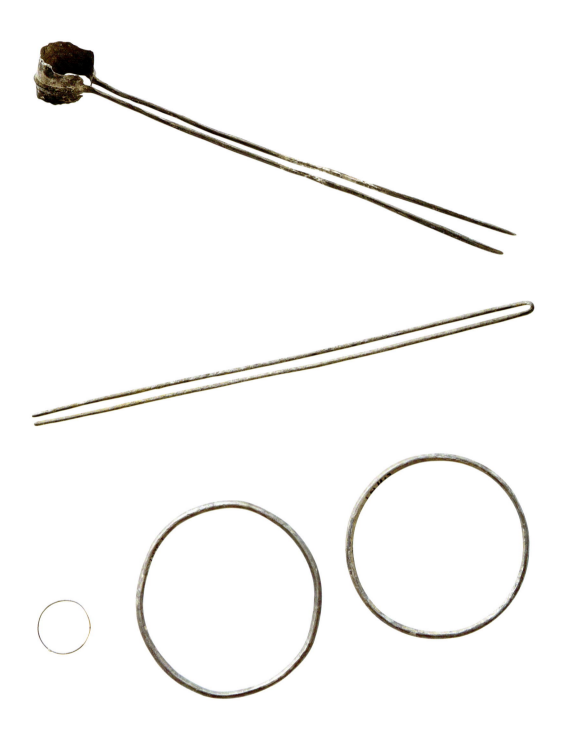

	名称	时代	尺寸	出土地点
1	**银束发器**	三燕	长 21.2、环径 2.6 厘米	北票市喇嘛洞墓地
2	**银钗**	魏晋	长 22.4、截径 0.7 厘米	辽阳市冶建化工分厂魏晋墓
3	**银镯、银指环**	晋	银镯直径 6.3～6.5 厘米； 银指环直径 1.9 厘米	辽阳市冶建化工分厂晋墓

	名称	时代	尺寸	出土地点
1	鎏金镂孔缀叶铜带具	三燕	由带扣、铊尾和带铃及摇叶缀饰组成，展长约52，宽4.2厘米	北票市喇嘛洞墓地
2	鎏金镂空缀叶铜带具	三燕	由带扣、带头和带铃饰组成，展长约38，宽3.6～7.5厘米	北票市喇嘛洞墓地

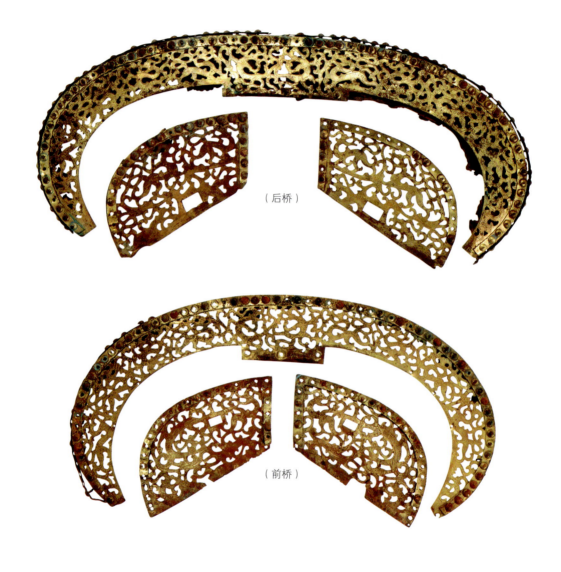

（后桥）

（前桥）

名称	时代	尺寸	出土地点
鎏金镂空铜鞍桥包片	三燕	前桥宽 47.1、高 23.6 厘米；后桥宽 53.2、高 22.8 厘米；翼形片长 20、宽 9.7 厘米	北票市喇嘛洞墓地

	名称	时代	尺寸	出土地点
1	**铜盆**	三燕	口径 24.9、底径 12.3、高 7.5 厘米	北票市喇嘛洞墓地
2	**铜豆**	三燕	口径 7.1、足径 8.3、高 10.4 厘米	北票市喇嘛洞墓地

（镳）

（引手）

	名称	时代	尺寸	出土地点
1	1　鎏金铜节约	三燕	泡状节约长和宽 7.8、叶长 4.8、宽 3.9、通高 9.8 厘米	北票市喇嘛洞墓地
2	2　鎏金铜镳	三燕	直径 10～12.3、高 15.1 厘米；引手长 11.2、宽 2.5 厘米	北票市喇嘛洞墓地

	名称	时代	尺寸	出土地点
1	鎏金镂空铜箭箙饰	三燕	宽 28、高 22.3 厘米	北票市喇嘛洞村征集
2	鎏金镂空铜寄生	三燕	宽 11.5～27.8、高 17.5 厘米	北票市喇嘛洞村征集

名称	时代	尺寸	出土地点
缀叶铜当卢	三燕	宽 13.4、高 39.5 厘米	北票市喇嘛洞墓地

		名称	时代	尺寸	出土地点
	1	**提梁铜罐**	三燕	釜口径 10.3、腹径 13.6、底径 7.3、高 9.2 厘米；提梁长 12.4 厘米	北票市喇嘛洞墓地
	2	**铜鍑**	三燕	口径 13、腹径 16.7、底径 7.2、高 15.8 厘米	北票市喇嘛洞墓地

1
2

名称	时代	尺寸	出土地点
铜鍑	三燕	口径 11 ～ 15.4、足径 8.1、高 20.5 厘米	北票市喇嘛洞墓地

	名称	时代	尺寸	出土地点
1	鹿纹三足铜罐	三燕	残高 5.8、口径 5.2、腹径 9.6 厘米	北票市喇嘛洞墓地
2	铜釜 铜甑	三燕	甑口径 26.5、底径 12.5、高 14.4 厘米；釜口径 14、腹径 28、高 18.5 厘米；通高 32.2 厘米	北票市喇嘛洞墓地

	名称	时代	尺寸	出土地点
1	铜鐎斗	三燕	口径 16、高 8.6 ～ 12.4 厘米	北票市喇嘛洞墓地
2	铜魁	三燕	口径 20.2、高 13.2 厘米	朝阳县姚金沟崔遹墓

	名称	时代	尺寸	出土地点
1	铜带钩	三燕	长 6.2、宽 1.37、钮径 1.4 厘米	朝阳县姚金沟崔遹墓
2	"位至三公"铜镜	三燕	直径 8.3、缘厚 0.3 厘米	北票市喇嘛洞墓地

	名称	时代	尺寸	出土地点
1	1 铜鹿形饰	三燕	长 28、高 15.7 厘米	北票市喇嘛洞墓地
2	2 铜四铃环	三燕	环径 3.7、铃径 2.2～2.7 厘米	北票市喇嘛洞墓地

名称	时代	尺寸	出土地点
鎏金铜人面饰	三燕	长 10.5、宽 7 厘米	北票市喇嘛洞墓地

	名称	时代	尺寸	出土地点
1	**铁犁镜**	三燕	长 39.5、宽 28.6 厘米	北票市喇嘛洞墓地
2	**铁铧**	三燕	长 30.6、宽 36.5 厘米	北票市喇嘛洞墓地

（正面）

（背面）

（正面）

（侧面）

	名称	时代	尺寸	出土地点
1	**铁兜鍪**	三燕	直径 23.6、高 19.9 厘米	北票市喇嘛洞墓地
2	**铁兜鍪**	三燕	直径 23.1～24.6、高 23.5 厘米	北票市喇嘛洞墓地

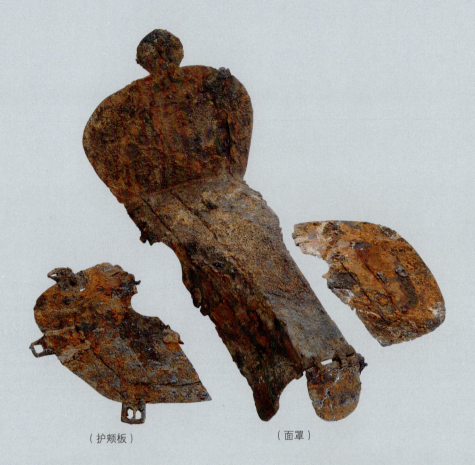

（护颊板）　　　　　（面罩）

（后桥正面）

（前桥背面）

	名称	时代	尺寸	出土地点
1	**铁马胄**	三燕	面罩长 66、宽 13.7～29.6 厘米； 护颊板长 36.5、宽 18.7 厘米	朝阳县十二台 88M1
2	**铁鞍桥包片**	三燕	后桥包片宽 47.4、残高 26.8 厘米； 前桥包片宽 40.8、高 23.4 厘米	北票市喇嘛洞墓地

$\dfrac{1}{2}$

	名称	时代	尺寸	出土地点
1	**铁鍑**	三燕	口径 19.2、足径 10.5、高 24.6 厘米	北票市喇嘛洞墓地
2	**铁鍑**	三燕	口径 10.4、足径 8、高 16 厘米	北票市喇嘛洞墓地

	名称	时代	尺寸	出土地点
1	1 黄釉陶四耳壶	高句丽	口径 32、腹径 36.1、底径 15.5、高 37.6 厘米	桓仁县米仓沟将军墓
2	2 黄釉陶灶	高句丽	长 77.5、宽 37.7、高 37.8 厘米	桓仁县米仓沟将军墓

	名称	时代	尺寸	出土地点
1	**铁斧**	高句丽	长 17.6、刃宽 7.7 厘米	桓仁县五女山城址
2	**铁锛**	高句丽	长 12、刃宽 7.1 厘米	桓仁县五女山城址
3	**铁锄板**	高句丽	长 20.9、宽 10.8 厘米	桓仁县五女山城址

	名称	时代	尺寸	出土地点
1	1 铁镰	高句丽	长 20、宽 3.5 厘米	桓仁县五女山城址
2	2 铁镞	高句丽	长 5.2～18.8、叶宽 0.6～2.3 厘米	桓仁县五女山城址

	名称	时代	尺寸	出土地点
1	铁带扣	高句丽	长 5.2～7.1、宽 4.4～6.3 厘米	桓仁县五女山城址
2	铁构件	高句丽	长 18.5、宽 10.8 厘米	桓仁县五女山城址

	名称	时代	尺寸	出土地点
1	**铁长刀**	高句丽	长 73.2、宽 3.2、背厚 0.8 厘米	灯塔市燕州城 1 号门址
2	**铁矛**	高句丽	长 45.8、銎口径 2.9 厘米	灯塔市燕州城 1 号门址
3	**铁包条**	高句丽	长 198、折宽 12.4～16.5、截宽 5.6 厘米	凤城市凤凰山城址

	名称	时代	尺寸	出土地点
1	**钵口陶壶**	唐	口径 8.5、腹径 19.6、底径 10.1、高 24.7 厘米	朝阳市纺织厂唐墓
2	**盘口瓷瓶**	唐	口径 6、腹径 14.5、底径 6.9、高 25.8 厘米	朝阳市纺织厂唐墓

	名称	时代	尺寸	出土地点
1	三彩瓷盂	唐	口径 11.2、高 5 厘米	朝阳市综合厂唐墓
2	三彩瓷枕	唐	长 11.1、宽 9.3、高 5.4 厘米	朝阳市重型机械厂唐墓

（侧面）　　　　　　　　　　　（正面）

名称	时代	尺寸	出土地点
釉陶文吏俑	唐	高 19、宽 4.8 厘米	朝阳市工程机械厂蔡须达墓

名称	时代	尺寸	出土地点
釉陶立俑	唐	高 20.8～21.8、宽 5.6 厘米	朝阳市工程机械厂蔡须达墓

（侧面）　　　　　　　　　　　（正面）

名称	时代	尺寸	出土地点
釉陶武士俑	唐	高 36.2、宽 11.2 厘米	朝阳市工程机械厂蔡须达墓

（侧面）

（正面）

名称	时代	尺寸	出土地点
釉陶仪仗俑	唐	高 20.1、宽 5.6 厘米	朝阳市工程机械厂蔡须达墓

（侧面）　　　　　　　　　　（正面）

名称	时代	尺寸	出土地点
陶风帽男俑	唐	高 44.6、宽 12.3 厘米	朝阳市柴油机厂唐墓

（侧面）　　　　　　　　　　（正面）

名称	时代	尺寸	出土地点
陶侍女俑	唐	高 31.1、宽 7.2 厘米	朝阳市柴油机厂唐墓

		名称	时代	尺寸	出土地点
1	2	1 **陶侍女俑**	唐	高 30.2、宽 8.8 厘米	朝阳市柴油机厂唐墓
		2 **陶侍女俑**	唐	高 31.2、宽 9.3 厘米	朝阳市柴油机厂唐墓

（正面）   （侧面）

名称	时代	尺寸	出土地点
陶侍女俑	唐	高 31.6、宽 9.9 厘米	朝阳市柴油机厂唐墓

	名称	时代	尺寸	出土地点
1	**陶彩绘男俑**	唐	高 24.5、宽 6 厘米	朝阳县东三家子唐墓
2	**陶彩绘女俑**	唐	高 22.9、宽 7.2 厘米	朝阳县东三家子唐墓

1 | 2

名称	时代	尺寸	出土地点
釉陶骑马俑	唐	长 21、高 26.2 厘米	朝阳市工程机械厂蔡须达墓

	名称	时代	尺寸	出土地点
1	陶骑马女俑	唐	长 35.2、宽 13、高 26 厘米	朝阳市柴油机厂唐墓
2	陶骑马男俑	唐	长 26.5、宽 13.1、高 34.7 厘米	朝阳市柴油机厂唐墓

	名称	时代	尺寸	出土地点
1	釉陶马	唐	长34、高31厘米	朝阳市工程机械厂蔡须达墓
2	釉陶牛	唐	长24.3、高19厘米	朝阳市工程机械厂蔡须达墓

名称	时代	尺寸	出土地点
釉陶骆驼	唐	长 34、高 38 厘米	朝阳市工程机械厂蔡须达墓

	名称	时代	尺寸	出土地点
1	**釉陶镇墓兽**	唐	高 28.4、宽 12.2 厘米	朝阳市工程机械厂蔡须达墓
2	**釉陶镇墓兽**	唐	高 28.6、宽 11.8 厘米	朝阳市工程机械厂蔡须达墓

（正面）

（背面）

	名称	时代	尺寸	出土地点
1	银杯	唐	口径 5.3、高 6.2 厘米	朝阳市重型机械厂唐墓
2	鎏金铜五铢钱	唐	直径 2.5、孔宽 0.9 厘米	朝阳市工程机械厂蔡泽墓

	名称	时代	尺寸	出土地点
1	葡萄花草纹铜镜	唐	直径 9.1、缘厚 0.6 厘米	朝阳市综合厂唐墓
2	海兽葡萄纹铜镜	唐	直径 16.4、缘厚 1.4 厘米	朝阳市教育教学研究中心住宅楼工地唐墓

名称	时代	尺寸	出土地点
海兽葡萄纹铜镜	唐	直径 13.9、缘厚 1 厘米	朝阳市教育教学研究中心住宅楼工地唐墓

（正面） （背面）

名称	时代	尺寸	出土地点
石男俑	唐	高 112、宽 37.5 厘米	朝阳市黄河路唐墓

（正面） （背面）

名称	时代	尺寸	出土地点
石女俑	唐	高 102、宽 35 厘米	朝阳市黄河路唐墓

辽金元时期

公元907年，契丹族建立辽王朝，辽宁是其统治的主要区域之一。在辽宁省各地均发现有辽代遗迹，尤以大凌河与辽河流域最为密集，这些遗迹包括城址、墓葬、寺庙和佛塔等。

辽宁境内的辽代城址目前共发现136座，包括都城、府城、头下州城、州县城和奉陵邑。辽代城址一般建造于地势平缓处，平面呈方形、长方形或不规则形，城墙夯筑。对这些城址一般只作了考古调查和测绘，尚未开展大规模的发掘，采集遗物不太丰富。

辽代墓葬发现的数量在千座以上，其中纪年墓约70座，并出土了丰富的遗物。辽代各级官僚、贵族普遍采用砖（石）室墓，盛行厚葬。家族墓地较普遍，位置选择在三面环山，一面朝东或东南的山谷处。另外，汉人墓与契丹人墓的葬俗和随葬品有明显区别。在辽代五陵中，显、乾二陵位于辽宁北镇一带的医巫闾山谷处，耶律宗政、耶律宗允及耶律宗教墓的发掘为寻找二陵提供了重要线索。辽代大、中型墓葬多遭盗掘，法库叶茂台七号墓是罕见的保存完整的贵族墓葬，出土了大量珍稀文物，为世人瞩目。发掘的重要家族墓地有北票耶律仁先、阜新关山萧和、法库叶茂台萧义、朝阳西涝刘承嗣、朝阳山嘴子赵匡禹等墓地，它们对研究辽墓的分期、葬俗及辽代社会经济文化的发展具有重要价值。

辽代崇尚佛教，广建寺庙佛塔。义县奉国寺大雄宝殿是辽宁现存规模最大的辽代寺庙建筑。辽宁现存辽塔39座，一般建于辽代城址内外，附属于寺院，辽阳白塔和北镇崇兴寺双塔是其中的优秀代表。结合辽塔维修工程，清理了部分天宫和地宫，如朝阳北塔、阜新红帽子塔、兴城白塔峪塔、新民辽滨塔和沈阳小北门外白塔等，出土了一批带石刻文字的石函、石经幢及砖刻。朝阳北塔天宫还出土了金、银、玻璃、玉、琥珀等数百件珍贵佛教文物。

金代多利用辽城作为府州县城。金墓在辽宁境内发现少且分散，较重要的有朝阳师范学院马令侯墓、铁岭县前下塔村冯开父母合葬墓、朝阳七道泉子壁画墓等。辽阳江官屯是重要的辽金时期陶瓷窑址，始建于辽而全盛于金，产品以白釉瓷器为主。

元代在辽阳设行省，沿用了部分辽金故城。蒙古人南下后，部分官僚贵族采纳汉族习俗，也建造了壁画墓。重要的有凌源富家屯壁画墓和建昌县白塔子村李伯宥墓。此外，在绥中大南铺村南部水域还发现了一艘元代沉船，打捞出一批元代磁州窑瓷器精品。

辽宁省文物考古研究所藏辽、金、元时期文物以辽代文物为主，其中又以陶瓷器和金属器最多，绝大多数都是墓葬出土。瓷器中既有契丹民族风格的绿釉器、黄釉器和辽三彩器，也有典型的中原定窑白瓷。金属器则以彰武朝阳沟辽墓出土的一批鎏金银饰最具特色。（万雄飞、陆博）

	名称	时代	尺寸	出土地点
1	**陶瓜棱壶**	辽	口径 14.8、底径 10.8、高 36.2 厘米	阜新县南皂力营子辽墓
2	**陶长颈壶**	辽	口径 11.3、底径 12.2、高 38.9 厘米	阜新县南皂力营子辽墓

（罐底）

	名称	时代	尺寸	出土地点
1	陶罐	辽	口径 12.7、底径 7.3、高 12.2 厘米	阜新县南皂力营子辽墓
2	陶砚	辽	顶部直径 20、底径 16.2、高 9.8 厘米	凌源市拉木沟辽墓

	名称	时代	尺寸	出土地点
1	陶篦纹瓶	辽	口径 6.9、底径 11、高 27.7 厘米	彰武县朝阳沟辽墓群
2	陶杯	辽	口径 13.6、底径 10、高 13.2 厘米	朝阳市西涝刘承嗣族墓
3	陶盏托	辽	口径 6.6、盘径 15.3、底径 7.7、高 4.9 厘米	朝阳市西涝刘承嗣族墓

	名称	时代	尺寸	出土地点
1	**陶长颈壶**	辽	口径 16.1、底径 11.9、高 48.4 厘米	阜新县四家子辽墓
2	**陶注壶**	辽	腹径 11.4、底径 5、高 15.9 厘米	朝阳市刘承嗣族墓

名称	时代	尺寸	出土地点
盘口白瓷瓶	辽	口径 13.8、底径 12、高 48.1 厘米	凌源市拉木沟辽墓

名称	时代	尺寸	出土地点
白瓷梅瓶	辽	口径 6、底径 11.2、高 31.1 厘米	凌源市拉木沟辽墓

	名称	时代	尺寸	出土地点
1	**盘口白瓷瓶**	辽	口径 5.5、底径 8.6、高 23 厘米	彰武县差大马辽墓
2	**白瓷罐**	辽	口径 13.4、底径 7.9、高 15.9 厘米	阜新县南皂力营子辽墓

	名称	时代	尺寸	出土地点
1	**白瓷唾盂**	辽	口径 19.5、底径 6.5、高 13.2 厘米	凌源市拉木沟辽墓
2	**白瓷盏托**	辽	口径 14.7、底径 5.4、高 7 厘米	凌源市拉木沟辽墓

名称	时代	尺寸	出土地点
白瓷注壶	辽	口径 4.3、底径 9.4、通高 24.5 厘米	彰武县朝阳沟辽墓

	名称	时代	尺寸	出土地点
1	**白瓷执壶**	辽	口径 4.2、底径 8、高 19 厘米	朝阳市凌河路小学
2	**白瓷钵**	辽	口径 8.5、底径 5、高 5.63 厘米	朝阳市新华路石宫

		名称	时代	尺寸	出土地点
1	1	**白瓷净瓶**	辽	底径 3.9、高 12.9 厘米	朝阳市新华路石宫
2	2	**白瓷碗**	辽	口径 25.9、底径 12.1、高 15 厘米	凌源市拉木沟辽墓

	名称	时代	尺寸	出土地点
1	双系白瓷壶	辽	口径 3.5、底径 5.8、高 15.2 厘米	彰武县朝阳沟辽墓
2	鋬耳白瓷壶	辽	口径 8、底径 8.1、高 15.2 厘米	阜新县南皂力营子辽墓

（侧面）

（内底）

（内底）

（侧面）

	名称	时代	尺寸	出土地点
1	三彩瓷盘	辽	口径 16.8、底径 5.3、高 4.4 厘米	凌源市拉木沟辽墓
2	三彩瓷碟	辽	口径 13.8、底径 8.8、高 2.4 厘米	建平县炮手营子辽墓

	名称	时代	尺寸	出土地点
1	**白釉绿彩瓷碗**	辽	口径 20.8、底径 7.7、高 8.2 厘米	彰武县朝阳沟辽墓
2	**青瓷碗**	辽	口径 13、底径 4、高 4.2 厘米	彰武县朝阳沟辽墓

（内底）

（侧面）

名称	时代	尺寸	出土地点
黄釉瓷盆	辽	口径 33.3、底径 12.9、高 8.5 厘米	凌源市拉木沟辽墓

	名称	时代	尺寸	出土地点
1	**绿彩釉陶盆**	辽	口径 31、底径 21.9、高 7.3 厘米	凌源市拉木沟辽墓
2	**酱彩釉陶盆**	辽	口径 28.5、底径 19.5、高 8.3 厘米	彰武县大沙力土辽墓

	名称	时代	尺寸	出土地点
1	酱釉壶	辽	口径 9.9、底径 10、高 24.3 厘米	阜新县南皂力营子辽墓
2	酱釉瓜棱壶	辽	口径 6.5、底径 5.5、高 10 厘米	彰武县朝阳沟辽墓

名称	时代	尺寸	出土地点
黄釉龙柄倒流执壶	辽	腹径 15.1、底径 9.3、高 21.4 厘米	建平县姚家窝铺征集

	名称	时代	尺寸	出土地点
1	**绿釉鸡冠壶**	辽	口径 4、底径 11.2、高 24.9 厘米	彰武县朝阳沟辽墓
2	**绿釉鸡冠壶**	辽	口径 3.9、底径 8.2、高 24 厘米	阜新县罗匠沟辽墓

名称	时代	尺寸	出土地点
白瓷鸡冠壶	辽	口径 3.7、底径 10.2、高 30.1 厘米	凌源市拉木沟辽墓

	名称	时代	尺寸	出土地点
1	绿釉鸡冠壶	辽	腹径 16.9、底径 9.7、高 31.4 厘米	彰武县大沙力土辽墓
2	白釉鸡冠壶	辽	腹径 13.7、底径 9、高 29.2 厘米	彰武县大沙力土辽墓

名称	时代	尺寸	出土地点
绿釉鸡冠壶	辽	口径 3、底径 7、高 31.7 厘米	凌源市拉木沟辽墓

	名称	时代	尺寸	出土地点
1	黄釉鸡冠壶	辽	口径 3.9、底径 8、高 31.2 厘米	凌源市温家屯辽墓
2	绿釉鸡冠壶	辽	口径 5.4、底径 8、高 24.7 厘米	凌源市温家屯辽墓

1 | 2

名称	时代	尺寸	出土地点
银覆面	辽	长 21.6、宽 23 厘米	凌源市拉木沟辽墓

（外底）

（侧面）

名称	时代	尺寸	出土地点
鎏金银盏托	辽	托径 14.6、底径 5.3、高 4.2 厘米	彰武县朝阳沟辽墓

（底面）

（正面）

（侧面）

名称	时代	尺寸	出土地点
鎏金双面人首银铃	辽	头顶直径 3.9、底径 10.6、高 10 厘米	彰武县朝阳沟辽墓

名称	时代	尺寸	出土地点
鎏金银鞲	辽	长 9.6、宽 3.7、环径 6 厘米	彰武县朝阳沟辽墓

	名称	时代	尺寸	出土地点
1	狻猊形鎏金银饰	辽	直径 5.1、高 2.8 厘米	彰武县朝阳沟辽墓
2	鎏金银器盖	辽	直径 18、沿宽 2.6、高 5 厘米	彰武县朝阳沟辽墓

	名称	时代	尺寸	出土地点
1	金链玉龟	辽	龟长 2.5、宽 1.2、厚 1 厘米；金链长 7.3 厘米	彰武县朝阳沟辽墓
2	葫芦形金坠	辽	长 3.1、腹径 1.9 厘米	彰武县朝阳沟辽墓
3	T 形金坠	辽	长 4.1、上宽 1.4 厘米	彰武县朝阳沟辽墓

1
2 | 3

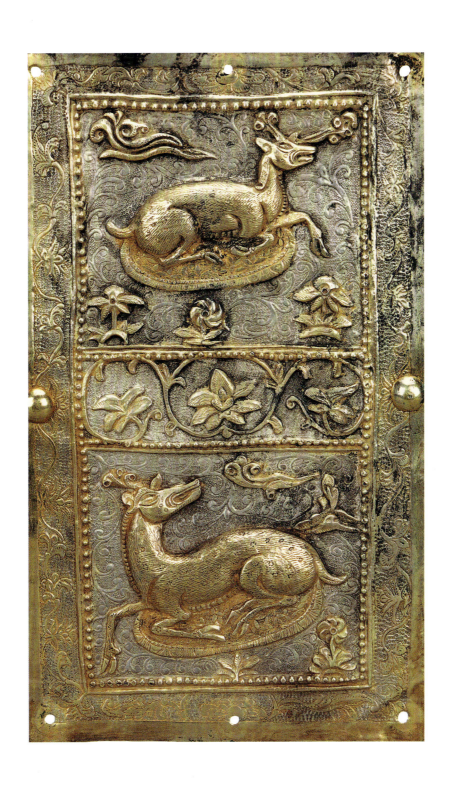

名称	时代	尺寸	出土地点
双鹿纹鎏金银牌饰	辽	长 20、宽 12.3 厘米	彰武县朝阳沟辽墓

名称	时代	尺寸	出土地点
动物纹鎏金银饰件	辽	长 25.2～35.4、宽 8～14.2 厘米	彰武县朝阳沟辽墓

	名称	时代	尺寸	出土地点
1	双凤纹鎏金银饰件	辽	直径 10.2 厘米	彰武县朝阳沟辽墓
2	立鹿纹鎏金银饰件	辽	高 11.6、宽 10.3 厘米	彰武县朝阳沟辽墓

名称	时代	尺寸	出土地点
花鸟纹鎏金银饰件	辽	上宽 12.5、下宽 20.6、高 21 厘米	彰武县朝阳沟辽墓

	名称	时代	尺寸	出土地点
1	金环	辽	外径 3.2、内径 2.1 厘米	建平县大西沟辽墓
2	金耳坠（1 副）	辽	长 3、宽 2.9、最厚 1.6 厘米	阜新县南皂力营子辽墓

（正面）

（背面）

名称	时代	尺寸	出土地点
银冠	辽	宽 30.3、长径 21.3、高 27.2 厘米	凌源市拉木沟辽墓

（正面）　　　　　　　　　　　　　　（背面）

	名称	时代	尺寸	出土地点
1	鎏金银带扣	辽	扣环宽 3.34、带板宽 2.2、厚 1.08、长 5.37 厘米	彰武县朝阳沟辽墓
2	鎏金葫芦形银带饰	辽	长 7.9、宽 3.44、厚 0.85 厘米	彰武县朝阳沟辽墓

	名称	时代	尺寸	出土地点
1	鎏金银饰皮带具	辽	圭形饰长 2.92～4.2、宽 1.72～2.2 厘米； 节约长和宽均 4.5 厘米	彰武县朝阳沟辽墓
2	鎏金银饰皮带具	辽	节约直径 2.77、厚 0.7 厘米；圭形饰长 1.55、 宽 1.4 厘米	凌源市拉木沟辽墓

名称	时代	尺寸	出土地点
龙纹铜镜	辽	直径 25.1 厘米	凌源市马家沟辽墓

名称	时代	尺寸	出土地点
鎏金银棺	辽	通长 26.2、宽 8.8 厘米；棺长 20.5、宽 5.4、高 7.5 厘米	朝阳市新华路石宫

（侧面）

（底面）

名称	时代	尺寸	出土地点
玛瑙盅	辽	口径 4.5、底径 2.8、高 3.2 厘米	彰武县朝阳沟辽墓

		名称	时代	尺寸	出土地点
1	1	玉 环	辽	直径 6.48～6.9、厚 1.47～1.5 厘米	北镇市大平滩辽墓
2	2	玉带饰	辽	长 3.10～4.74、宽 1.85～1.84、厚 0.85～0.84 厘米	北镇市大平滩辽墓

（背面）

（侧面）

名称	时代	尺寸	出土地点
石狮	辽	底座长 11.7、宽 8.7、通高 18 厘米	阜新县关山辽墓

名称	时代	尺寸	出土地点
骨算筹	辽	长 12～12.9 厘米	彰武县朝阳沟辽墓

（正面）

（背面）

名称	时代	尺寸	出土地点
石菩萨像	辽	宽 19.3、高 26.4 厘米	康平县姜家沟村征集

（背面）　　　　　　　　　　　　　　　（正面）

名称	时代	尺寸	出土地点
石坐佛像	辽	宽 9.8、高 21.6 厘米	康平县姜家沟村征集

（正面） （背面）

名称	时代	尺寸	出土地点
石武士像	辽	宽 13、残高 30.6 厘米	康平县姜家沟村征集

	名称	时代	尺寸	出土地点
1	**人物故事铜镜**	金	直径 8.6、厚 0.5、通长 15.9 厘米	桓仁县五女山城址
2	**双鱼纹铜镜**	金	直径 9.2、沿宽 0.8、通长 18.3 厘米	凌源市征集

	名称	时代	尺寸	出土地点
1	**童子举花纹铜镜**	金	直径 11.8、沿宽 0.8、钮高 0.2 厘米	凌源市征集
2	**云雁飞凤纹铜镜**	金	直径 15.5、钮高 0.2 厘米	凌源市征集

	名称	时代	尺寸	出土地点
1	**白釉黑花瓷罐**	金	口径 8.8、底径 6.7、高 8.4 厘米	建平县马架子村征集
2	**铁花白瓷罐**	金	口径 17、底径 9.3、高 17 厘米	朝阳市营州路遗址

名称	时代	尺寸	出土地点
酱釉四系瓷瓶	金	口径 5.2、底径 8、高 25.5 厘米	建平县马架子村征集

（内底）

（侧面）

名称	时代	尺寸	出土地点
白釉黑花瓷碗	金	口径 20.1、底径 5.5、高 7.9 厘米	建平县马架子村征集

	名称	时代	尺寸	出土地点
1	黑釉瓷盂	金	口径 10.5、底径 6 、高 7.7 厘米	朝阳市重型机械厂金墓
2	黑釉瓷碗	金	口径 12.2、底径 3.1、高 5.4 厘米	朝阳市杜杖子金墓

名称	时代	尺寸	出土地点
酱釉瓷瓶	金	口径 6.7、底径 9.3、高 31.5 厘米	朝阳市重型机械厂金墓

（侧面）

（内底）　　　　　　　　　　　　　　　（外底）

名称	时代	尺寸	出土地点
天青釉瓷碗	金	口径 19.4、底径 5.7、高 8 厘米	朝阳市重型机械厂金墓

	名称	时代	尺寸	出土地点
1	白釉黑花瓷罐	元	口径 9.6、底径 7.5、高 11.7 厘米	阜新县巴斯营子遗址
2	青白釉瓷罐	元	口径 8.9、底径 8.1、高 11.1 厘米	内蒙古克什克腾旗王八盖子遗址

名称	时代	尺寸	出土地点
绿釉黑花瓷罐	元	口径 16.5、底径 8、高 24.4 厘米	阜新县巴斯营子遗址

	名称	时代	尺寸	出土地点
1	**天青釉瓷碗**	元	口径 20.5、底径 6.9、高 9.5 厘米	朝阳县小东山遗址
2	**天青釉瓷盘**	元	口径 15.5、底径 5.45、高 3.05 厘米	朝阳县小东山遗址

	名称	时代	尺寸	出土地点
1	婴戏莲花纹铜镜	元	直径 9.9、沿宽 0.5、钮高 0.7 厘米	内蒙古林西县官地大井遗址
2	瑞兽纹铜镜	元	直径 9.5、沿厚 0.8 厘米	北票市上老虎遗址

后　记

经过一年的努力，《辽宁省文物考古研究所藏文物精华》终于付梓出版，与读者见面了。出版本书的目的是使考古工作及其成果贴近普通读者，宣传、普及考古知识，弘扬祖国优秀的历史文化，提高全社会的文物保护意识。

本书是集体合作的成果，新石器时代部分由郭明、朱达负责，青铜时代部分由吕学明负责，秦汉至隋唐部分由万欣、张桂霞负责，辽金元部分由万雄飞、陆博负责，文物照片由穆启文拍摄。

在文物遴选、拍摄的过程中，得到了辛岩、白宝玉等发掘项目主持人的大力支持，使一些以往未曾发表及近年新出土的文物得以收录在本书中，以飨读者。科学出版社的宋小军先生为本书的编辑出版付出了辛勤的劳动，在此一并表示感谢。